Friedrich Vollborn – Erlebtes

vom 28.03.1813 bis mit 15.03.1814

Beiträge zur sächsischen Militärgeschichte zwischen
1793 und 1813

Heft 26

Abb. 01 – Gegend um Niesky, Weissenberg und Görlitz
(Weimar 1856)

Friedrich Vollborn – Erlebtes (III)

vom 28.03.1813 bis mit 15.03.1814

Bibliographische Information der Deutschen Biliothek

Die Deutsche Bibliothek verzeichnet diese Publikation
in der Deutschen Nationalbibliographie; detaillierte
bibliographische Daten sind im Internet über
http://dnb.ddb.de abrufbar.

Die Deutsche Bibliothek – CIP – Einheitsaufnahme

Jörg Titze (Hrsg.)

Friedrich Vollborn – Erlebtes (III)

vom 28. 03.1813 bis mit 15. 03.1814

ISBN 978-3-7322-7283-9

Herstellung und Verlag:

BoD - Books on Demand, Norderstedt, 2013

Inhaltsverzeichnis

Vorwort

Friedrich Vollborn stand 1813 als Souslieutenant beim Infanterie-Regiment v.Steindel (vorher Prinz Clemens) und wurde nach der Schlacht von Dennewitz zum 1. Grenadier-Bataillon versetzt.

Der 1790 in Naumburg geborene Vollborn trat 1808 beim Regiment v.Oebeschelwitz ein und kam 1810 – nach Auflösung dieses Regiments – ins Regiment Prinz Clemens. 1811 wurde er zum Korporal, 1812 zum Feldwebel und am 08.03.1813 zum Unterleutnant in diesem Regiment befördert.

Die von ihm geschilderte Ernennung zum Ritter der Ehrenlegion bezeichnet Wächtler[1] als sehr unsicher, da diese zwar von Vollborn versichert wird, eine Nach-tragung in den Mitgliederlisten aber nicht erfolgte.

Aus aktuellem Anlass habe ich mit der Wiedergabe des (3.) Teiles der Erinnerungen begonnen, welche das Jahr 1813 beinhalten. Die Teile für 1814/15, 1808-11 und 1812 werden folgen.

Bei „Erlebtes" handelt es sich um Erinnerungen, die in den 1840ern in der vorliegenden Form zu Papier gebracht wurden.

Diese Erinnerungen sind so originalgetreu wie möglich wiedergegeben. Lediglich bei den im Original in Tabellenform niedergeschriebenen Listen a) der Männer in seiner Landwehrkompanie und b) der Marschroute von Heeringen nach Mons ist aus Gründen der

―――――――――――――――――

[1] Wächtler – Die kgl. Sächs. Mitglieder der Ehrenlegion

Leserlichkeit eine etwas abweichende Form der Darstellung gewählt worden.

Ergänzt wird die Wiedergabe durch die Platzierungslisten der Offiziere des Regiments v.Steindel für August und November 1813 (aus den Akten des Hauptstaatsarchivs Dresden) sowie ein Namensverzeichnis der im Text genannten sächsischen Offiziere.

Sprotta-Siedlung am 200. Jahrestag der Schlacht von Großbeeren.

Jörg Titze

Inhaltsverzeichniß des Erlebten
vom 28ten März 1813 bis mit 15ten März 1814

==========================

N

O

P

R

S

Anmerkung des Herausgebers:

Die „normalen" Seitenzahlen beziehen sich auf die vorliegende Wiedergabe, die tiefgestellten Zahlen auf die Seitenzahlen des Originals. Letztere befinden sich ebenfalls tiefgestellt im Text.

===========================

Fordre nicht die grellen Einzelheiten

Ueberstandner Kriegsbegebenheiten

die im Ganzen dir hier vor die Seele treten; -

Miß selbst vielmehr nach dieser herben Noth

die Zeit des Elends u. den Hungertod

der uns benagte in stets wachsenden Gestalten; -

Doch halte dich versichert: nur durch Gott

wird Alles, Ehre, Sieg, Verlust u. Tod,

Ja! Selbst im Untergang der Heere liegt sein Walten.

===========================

=========================

Zeitabschnitt vom 27^n März 1813
bis zum Waffenstillstande, den 6^n Juni

=========================

(5) Die Festung Torgau war sehr vervollständigt worden, jedoch noch keineswegs in einem solchen Stande, daß sie eine Belagerung auszuhalten vermocht hätte; in einem solchen Zustande waren nur die Hauptwälle u. so, daß wir uns, hinter denselben, ungestört wieder schlagfertig herstellen konnten. –

Die politischen Conjuncturen hielten uns in großer Spannung, insbesondere weil unser Gouverneur , der General Leutnant von Thielmann, durch sein Benehmen gegen preußische Offiziere – die sogar unsere Festung u. ihn besuchten – u. insbesondere seine Reise nach Eilenburg hierzu wesentlich beitrug u. Zwei Fractionen bildete, die sich schroff entgegenstanden; deutlich aber sprach sich diese Spannung zwischen dem Gouverneur u. den Generalen v.Sahr u. von Steindel, denen beiden sich unser Oberst von Mellentin anschloß, in jeder Hinsicht aus. Natürlich zogen diese beiden den größten Theil der Offiziere durch ihr biederes, unzweideutiges Verhalten an sich u. nur Einige waren dem General Thielmann zugethan. –

Der Gesundheitszustand der aus Rußland zurückgekehrten Truppen war bedenklich, die Hospitäler waren sehr überfüllt u. die Sterblichkeit war groß; - die Furcht der Erkrankten war sehr begründet, und um ihnen diese einigermaßen zu be (6) nehmen, wurden täglich einige

Offiziere zum Besuche der Hospitäler kommandirt, denen hierzu, in der betreffenden Administration Präservativa – Essig, Spiritus pp – gereicht wurde.

Die Zeit verstrich, - die Organisation der Besatzungstruppen wurde inzwischen nicht versäumt, aber an einen weiteren Bau der Festung wurde nicht gedacht, höchstens wurden die detaschirten Forts Zinna u. Mahla durch Pallisaden mit den Hauptwällen verbunden. Die Artillerie beschäftigte sich mit Bombenwerfen nach dem Ziele u. nur Einmal rückte ein starker Theil der Besatzung aus, einen Ausfall gegen Süptitz auf der Straße nach Leipzig supponirend. –

Von dem, durch die Preußen auf Wittenberg unternommenen Angriffe – wozu auch Thielmann hierselbst Belagerungsgeschütz einschiffen u. dahin abgehen lassen wollte, von dem General v.Sahr aber daran verhindert worden seyn soll – hörten wir Kanonenfeuer, aber sonst kein weiteres Resultat. –

Durch, in bürgerliche Kleidung gegen den Rhein hin abgesendete, u. als Weinhändler mit Pässen versehene Offiziere, wovon mir nur noch der verstorbene Prem: Ltnt: v.Flemming erinnerlich ist u. der bis nach Mainz gekommen war, erhielten wir Nachrichten, daß der Kaiser Napoleon mit einer sehr großen Armée den Rhein passirt habe u. sich gegen die Saale bewege. – Die zuverlässigste Nachricht davon ging aber durch ein heftiges, lang (7) anhaltendes Kanonenfeuer am 2^n Mai ein, welches in der Richtung gegen Leipzig hier von uns gehört wurde, eine Schlacht zwischen den Verbündeten u. der französischen Armée folgern ließ u. die auch – an jenem Tage – bei Lützen stattgehabt hatte. – Die Folgen deren verlauteten zuerst zum Vortheile der Verbündeten, doch entging es dem Beobachter der bisher sich zweideutig bewiesenen Parthei nicht, auf wessen Seite sich der Sieg geneigt hatte, auch wurden Seiten des Gouverneurs Anstalten „gegen einen Anlauf" genommen, der ihm, wenigstens von Seiten der Verbündeten, bisher nicht in den Sinn gekommen war; mithin mußte dieser Anlauf von den Franzosen erwartet werden. Unser Regiment – immer noch in Ein Bataillon formirt – erhielt das noch nicht vollendete Fort Zinna zur Vertheidigung unter dem Fort-Commandaten Major von Spiegel. Wir waren demnach – nach den zu erwartenden Franzosen hin – am weitesten vorgeschoben u. bemwrkten am 7n Mai in der Gegend von Süptitz, durch ein aufgestelltes Fernrohr ganz deutlich ein französisches Truppenkorps, welches sein Bivouac daselbst einrichtete. –

Tages darauf hatte der Generalleutnant v.Thielmann, unter Begleitung eines starken Stabes, eine Unter-redung mit dem Commandanten dieses franz. Truppen-korps auf dem halben Wege von Torgau nach Süptitz auf der Landstraße. – Von der Bedeckung u. Begleitung des Generals Thielmann erfuhren wir, daß der franz. Corps-Commandant (8) der uns sehr bekannte General Reynier sei u. den Marsch durch Torgau mit seinen Truppen verlangt, aber diese Erlaubniß nicht erlangt habe.

Der Marschall Ney, welcher ebenfalls ankam u. gleiches Verlangen äußerte, erhielt gleichfalls nicht diese Verwilligung.

Wir waren in der größten Spannung, machten jedoch Anstalten zur Vertheidugung des Forts. Die Soldaten wurden hinter den Brustwehren eingeübt, erhielten sogar Handgranaten um damit die trocknen Gräben des Forts verderblich zu machen; hierzu waren hölzerne Rinnen aus der Festung angelangt, die, auf die Böschung der Brustwehr gelegt, das Herabrollen der Granaten in den Graben, nach gewissen Punkten hin, erleichterten u. sicherten.

Starke Piquets in den Ravelins u. Place d'armes blieben des Nachts über unterm Gewehr u. es wurde der Dienst, für ein Bataillon, in diesem weitläufigen Werke sehr beschwerlich u. diese ganze Plackerei diente wahrscheinlich nur dazu, den Verbündeten einen ungestörten Rückzug über die Elbe zu bereiten, denn der General Thielmann verließ in der Nacht vom 10^n zum 11^n Mai – ohne königliche Bewilligung – die Festung, trat somit als Deserteur aus unserer Armee u. ging mit einigen Offizieren seines Stabes zu den Verbündeten über.

Der General-Major v.Sahr übernahm sofort das Commando der Truppen, setze den, an den Deserteur ergangenen königlichen Befehl in Vollzug u. wir vereinigten uns am 11^n Mai wieder mit der Division Durutte als 7tes Armee-Corps. Und damit die (9) erfolgte Vereinigung Niemandem mehr ein Räthsel war, rückte auch sofort ein schwaches Detaschement von der Division Durutte im Fort Zinna ein u. die Compagnie, bei welche ich stand, wurde – unter dem Hauptmann von Koppenfels – in die Lünette Losswig verlegt. – Das 3te Armee-Corps unter dem Marschall Ney u. die Division Durutte marschirten heute noch durch Torgau.

Der General-Major von Steindel hatte von Sr. Majestät dem Könige die nachgesuchte Entlassung erhalten, unser bisheriger Regiments-Commandant Oberst v.Mellentin, an jenes Stelle zum General-Major avanzirt, war zum Brigadier ernannt worden u. erhielt die bisherige Brigade Steindel.

Am 12^n Mai hatte unsere Brigade, als 1ste Brigade nach der neuen Formirung, in ein Glied formirt Spezial-Revue vor dem General Reynier auf dem Glacis vor dem Leipziger Thore, marschirten am 13^n Mai von Torgau aus u. bezogen bei dem nahe gelegenen Dorfe Werda einen Bivouac, von wo aus wir am 14^n Mai Mittags, ohne alle Vorbereitung so plötzlich ab- u. nach Annaburg marschirten, daß ich nur die Hälfte meiner Equipage mitnehmen konnte, weil ich die übrigen Sachen meinem früheren Quartierwirth in Aufbewahrung gegeben hatte. – Die Total-Stärke belief sich auf 6000 Mann mit 4 sechspfündigen Fußbatterien u. einige Reiterei. Das Ganze bildete eine, auf 2 Brigaden formirte Division. –

(10) Der Marsch nach Annaburg mußte demnach, weil zu übereilt angetreten wurde, auch zum Nachtheil ausfallen. –

Ein Garde-Bataillon rückte mit ins Feld u. war, gleich wie die, zwar schon 1810 errichtete, aber auch noch nicht zu Felde gewesene Jäger-Compagnie, des Marschirens nicht gewohnt, beide Truppentheile lößten sich förmlich auf, überall lagen Gardisten u. Jäger u. es traf daher auch diese Truppen ein allgemeines Verlachen. Wohl war es sehr warm, der Sand sehr tief u. ermüdend u. es konnte daher auch kaum anders kommen; doch brachte der, bei Annaburg gehaltene Ruhetag die gewünschte Ordnung in diese Partheien.

Die vereinigten 3 französischen Armee-Corps – das 3te, 5te u. 7te – sollten unter dem Oberbefehl des Marschall Ney gegen Berlin vorrücken u. verfolgten auch den Marsch dahin über Schönewalde, Dahme u. Luckau, woselbst das 7te Armee-Corps am 18^n Mai ruhte, veränderten aber hier plötzlich die Marschrichtung, wendeten sich rechts über Kalau, Alt-Döbern nach Hoyerswerda, woselbst die sämmtlichen Armee-Corps sich vereinigten u. das 7te Armee-Corps – am 20^n Mai – jenseits Hoyerswerda nach Bautzen zu Stellung nahm, von woher man eine starke Kanonade vernahm.

Das 7te Armee-Corps brach am 21n Mai vor Tagesanbruch auf der Straße nach Bautzen auf; obgleich der Kanonendonner heftiger u. endlich auch das Klein-gewehrfeuer gehört wurde, blie (11) ben wir dennoch in unserem gewöhnlichen Marschtacte, als aber die Tete des 3ten Armee-Corps auf dem rechten Flügel des Feindes bemerkt wurde u. dasselbe angriff, fielen wir in Trab bis wir das Dorf Klix des Nachmittags erreichten. Wer diese Anstrengung nicht ertragen konnte blieb liegen u. zum Ruhm unsrer Waffenbrüder konnte man sagen, daß dies nur von sehr Wenigen der Fall war, denn der Eifer, in die Schlachtlinie von Bautzen zu kommen, war in der That sehr groß. Nach einer halbstündigen Ruhe, während welcher die Zurückgebliebenen sich wieder eingefunden hatten, rückten wir laufend durch Klix, formirten uns rechts von dem Windmühlenberge in Brigade-Colonnen u. rückten gegen das, vom Feinde besetzte Dorf Belgern vor. – Der Punkt, wo wir aus dem

Dorfe Klix nach unsrer eingenommenen Stellung rückten, gleicht einem Ausguck zwischen Höhen auf eine weite Wiese, die von dem, links derselben gelegenen Windmühlenberge bestrichen wird. Durch diesen Paß, welcher durch die über die Spree führende Brücke u. durch die Spree selbst in seiner Bedeutenheit noch mehr gesteigert wird, mußten wir debouschiren; man kann sich daher auch wohl denken, auf welche Weise die, auf dem Windmühlenberge befindliche feindliche Artillerie auf eine geschlossene Colonne einwirkt, die, in unabfehlbarer Tiefe, in einer Frontbreite von nur 8 – 12 Rotten schußrecht u. in eingekeilter Form vordringt. Nun geschah dies zwar laufend, allein ich habe (12) in meinem Campagneleben nicht soviel Gebliebene u. Schwerverwundete über- u. untereinander liegen sehen, als hier.

In die Schlachtlinie gerückt, begannen unsere Batterien ein heftiges Feuer u. die ganze Linie stimmte mit.

Der rechte Flügel des Feindes war somit umgangen u. wir drückten auf seine Rückzugslinie; die Schalcht von Bautzen war entschieden.

Ungefähr nach 5 Uhr Nachmittags erschien der Kaiser Napoleon u. bestimmte das 7te Armee-Corps zur Avantgarde für die Große Armée, um, nach seinen eigenen Worten, „den Feind aus Sachsen zu vertreiben". Ein Vive l'Empereur! erscholl von allen mit uns angekommenen Armée-Corps u. wir nahmen , den Feind über Wurschen verfolgend, den würdigen Platz als Avantgarde ein u. lagerten des Nachts bei Nehern an der Straße nach Weissenberg in Colonnen. –

Den 22^n Mai mit Tagesanbruch eröffnete die, auf den Höhen vor Weissenberg stehende feindliche Arriere-garde mit Kanonenfeier das Gefecht, welches heute sehr blutig wurde, u. der erste Schuß tödete den Artillerie Leutnant ....[2] in unserem Bivouac.

Von unserer Seite wurde das Feuer nur mäßig erwidert, bis der Kaiser zu uns kam, Reitermassen zu uns brachte, von welcher Waffengattung wir nur einige Tropfen aufzuweisen hatten, u. den Aufbruch gegen Weißenberg befahl.

In Torgau hatten wir gehört, daß Napoleon gar keine Reiterei habe u. daß zu Bespannung der Geschütze in ganz Frankreich die Postpferde weggenommen, u. sogar die Luxus Stutzschwänze (13) von Paris hierzu requirirt worden wären. – Wie erhielten aber heute ein ganz anderes Bild von der Reiterei. –

Unter lebhaftem Kanonenfeuer rückten wir gegen Weißenberg vor, wurden aber durch das Abbrennen der Brücke über das Löbauer Wasser u. einer dabei befindlichen, brennenden Mühle, eine kurze Zeit aufgehalten, überschritten dann dieses Wasser, formirten jenseits des Städtchens ½ Divisions-Colonnen u. folgten dem Feinde.

Während des Vorrückens wurde unser Bataillon durch eine, von den linken Seite her im gestreckten Trabe ankommende französische Cuiraßir-Brigade gewißer-maßen abgeschnitten, erreichte aber bald wieder die

---

[2] Der Name ist nicht angegeben, es muss der Leutnant v.Eckhardt gewesen sein.

Brigade, welche, links der Straße von Bautzen nach Görlitz, gegen die vom Feinde besetzten Höhen vorrückte. Die geschlossenen Colonnen gingen dabei in offene über u. obschon das Feuer der Verbündeten aus dieser Position sehr lebhaft war, litten wir, bis in deren Stellung dennoch wenig. Allein von hier aus bemerkten wir eine noch stärkere Position des Feindes, welcher den Töpferberg u. die Höhe jenseits Reichenbach besetzt hielt. Um nach diesem, am Fuße des Töpferberges u. gewißermaßen wie in einem Kessel liegenden Städtchen zu gelangen, verließen wir die gewonnene Höhe u. bewegten uns wie auf einem natürlichen Glacis gegen dasselbe. Der Feind konnte uns folglich von dem, durch ihn besetzten u. mit sehr viel Artillerie versehenen Töpferberge vollkommen einsehen u. warf entsetzlich viel Granaten (14) in unsere Colonnen; es nahmen daher die Züge mehr Zwischenräume von einander um dem Feuer mehr Lücken zu bieten.

In der Nähe des Städtchens, da, wo unsere Colonne die Straße nach Görlitz überschritt, um sich rechts derselben u. hinter den ersten Häusern Reichenbachs auf einer kleinen Wiese zum Angriffe auf den Töpferberg zu formiren, schlug in den Zwischenraum meiner ½ Division dicht vor mir eine Granate ein, worauf ich sofort meinem Zug: Legt Euch! zurufte; allein während dies von der Mannschaft erfolgte, sprang die Granate u. setzte 7 Mann außer Gefecht. Ich glaubte bleßirt zu seyn, weil meine ganze linke Schulter u. das Epaulett voll blutiger Substanzen war, allein ich überzeugte mich sofort, daß es Gehirntheile von 3 Gebliebenen waren.

Während der Formirung zum Angriffe des Töpferberges wurden einige Blänkerzüge von dem Garde-Bataillon u. die Jäger-Compagnie links um Reichenbach herum entsendet. Allein sie kamen eilends wieder zurück; die Garde mit verkehrt aufgesetzten Bärmützen, weil sie aussagten, die Schilder dieser Mützen gewährten dem Feinde zu viel Abkennen; die Jäger, weil ihre Büchsen zu viel Zeit zum Laden wegnehmen; allein der Brigadier, General-Major v.Mellentin warf Ersteren Feigheit vor, schickte sie wieder ins Feuer, behielt aber die Jäger zurück.

Inzwischen litten wir, auf einem kleinen Terrain zusammengedrängt, durch das Kanonenfeuer des Feindes bedeutend. Da sendete uns der (15) Kaiser Napoleon 2 weitere Batterien Garde-Artillerie u. diese eröffneten ein entsetzliches Feuer. Die Wirksamkeit u. Behendigkeit dieser Artillerie bleibt mit stets vor den Augen. Um recht ungenirt zu arbeiten, setzten sie ihre, etwas größer u. breiter als Tzschakos geformten Bärmützen zur Seite der Kanonen nieder u. schossen so ausgezeichnet, daß das Feuer auf dem Töpferberge bedeutend nachließ. Allein in unserer rechten Flanke erschien feindliche Reiterei u. wir waren genöthiget Quarrée zu formiren. Da entsendete Napoleon, der inmittelst bei uns angekommen war, weil unser Stand sehr hart wurde, die, mit sich führenden 2 Schwadronen Mamelucken gegen diese anrückende feindliche Reiterei. Nie habe ich von so weniger Reiterei gegen eine überlegene Cavaleriemasse so ausgezeichnete Resultate wieder gesehen, als hier; die Mamelucken brachten viel Gefangene mit sich.

Der Angriff auf den Töpferberg wurde nun von Napoleon selbst geleitet; die französische Garde-Artillerie nahm den Töpferberg in die Flanke u. in kurzer Zeit waren wir - Napoleon mit uns – auf dem Töpferberge. –

Wir hatten Colonnen auf halbe Zwischenräume formirt u. die Zugskommandanten befanden sich bei jeder Colonnenform auf dem Richtflügel u. hatten allein für die nöthigen Zwischenräume zu sorgen; der Prem:ltnt: von Selmnitz hatte aber, weil er, wie so mancher von Uns, den Kaiser Napoleon noch nicht gesehen, denselben (16) oft angesehen u. dabei seinen Zugszwischenraum verloren. Dem Kaiser mochte das öftere Anblicken aufgefallen seyn u. erinnerte genannten Prem:Ltnt: an seinen Zugszwischenraum.

Auf dem Töpgferberge bemerkten wir den Feind in dem Besitze der bewaldeten Höhe auf der Straße von Görlitz. Gegen diese Höhe führte uns der Kaiser u. obwohl von der feindlichen Artillerie sehr mitgenommen, waren wir bald im Besitze dieser Position u. der Feind zog sich durch Markersdorf auf der Straße zurück, ohne jedoch das Dorf anzuzünden. Der Tag aber hier forderte 2 Opfer, die dem Kaiser Napoleon sehr theuer waren. Eine Kanonenkugel schlug dicht neben dem Kaiser in die Suite, tödete den General Kirgener u. bleßirte den Marschall Duroc so, daß derselbe in der gefolgten Nacht in Markersdorf starb.

Der sächsische Artillerie Oberstleutnant Rabe wurde von einer Flintenkugel in die Brust, jedoch nicht schwer bleßirt.

Zu beiden Seiten der Straße hielten wir eine kurze Zeit in Markersdorf u. litten viel von einer, jenseits des Dorfes auf einer, der Straße quer vorliegenden Höhe aufgefahrenen feindlichen Batterie, rückten aber bis Holtendorf vor, woselbst die anbrechende Dämmerung dem, seit früh 4 Uhr unausgesetzten Schlagen u. Verfolgen ein Ziel setzte. –

Ein, in aller Hinsicht heißer Tag hatte, u. mit ihm mancher Sachse sein Ende erreicht; das Kleingewehrfeuer war weniger, desto mehr aber die Artillerie in Wirksamkeit u. was diese traf, blieb entweder, oder wurde schwer bleßirt; Leichtbleßirte (17) waren kaum Einige. Napoleon war immer bei uns, u. wo dieser unmittelbar befehligte, da ging es stets sehr blutig zu, auch schonte er sich ja auch nicht; zudem thaten die Truppen das Aeußerste, weil das, was sie thaten, unter den Augen des Kaisers geschah u. dessen Garden wir auch nicht nachstehen wollten, die uns als Reserve folgten u. gleichsam wie ein Keil wirkten. – Wenn daher ein Soldat, der Nichtkombattant war, durch ein furchtbares Kanonenfeuer von der Liebe zu seinem Herrn sich nicht verhindern läßt, diesem während der Action eine Erfrischung zu bringen, wie dies mein, schon in den Sümpfen Volhyniens sich so treu bewiesener Diener, der Gemeine Römer, that, u. mir eine Feldflasche mit Milch u. ein wenig Brod auf den Töpferberg brachte, so kann man wohl von dem Einzelnen auf den Geist des Ganzen schließen u. am Ende behaupten, daß die Ergebenheit u. Treue eines Nichtkombattanten höher steht als die Tapferkeit derjenigen, die unter Leitung u. Befehl die

Waffen tragen u. ein Mittel zum Zwecke in den Händen haben. –

Wir biwachten rechts von Holtendorf unfern der Landeskrone; daß wir aber wenig ruhten, läßt sich – bei solcher Nähe des Feindes – wohl denken. Eine Compagnie von unserem Bataillon kam auf Feldwache u. die übrigen 3 Compagnien wechselten mit halbstündigem Untergewehrbleiben u. dieses nächtliche Aufdenbeinenbleiben kam daher sehr oft herum. –

Der Kaiser biwachte hinter uns in einem Quarrée seiner Garde, doch kam er auch zur Nachtzeit zu uns geritten, weil die feind (18) lichen Vorposten die unsrigen beunruhigten.

Der 23te Mai brach an. – Der Feind hatte sich während der Nacht aus seiner Stellung bis hinter Görlitz zurückgezogen u. es donnerte daher auch nicht sofort bei unserem Abmarsche. –

An der Spitze der französischen Armée trafen wir Vormittags in Görlitz ein, nahmen Stellung rechts von Görlitz u. erwarteten hier theils das Löschen der, von dem Feindein Brand gesetzten Brücke über die Neise, theils das Schlagen einer Bockbrücke über diesen Fluß. Da erschien der Kaiser, stieg ab vom Pferde, verließ seine Suite ging vor bis an den Abhang – wohin ihn 4, ebenfalls abgesessene Grenadiers zu Pferde folgten, ihre Bajonette aufschlossen u. sich um den Kaiser in ein Viereck aufstellten – rekognoszirte den, auf den Höhen vor Leopoldshain stehenden Feind u. befahl das Vorrücken gegen denselben über die, inzwischen fertig gewordene Bockbrücke. –

Trotz seines heftigen Kanonenfeuers hielt der Feind unseren Uebergang ueber die Neise nicht auf u. die Cavallerie ging zum Theil oberhalb durch diesen Fluß. Jenseits der Neise formirten wir Colonnen u. erstiegen, obschon nicht ohne Verlust, die Höhe unter dem Schutze einiger, auf der verlassenen Höhe bei Görlitz aufgefahrenen Batterien. – Noch während des Lagers bei Görlitz in den Monaten Juni, Juli u. Anfangs August dieses Jahres sah man auf der Wiesenzunge, welche sich von der Neise gegen die Höhe vor Leopoldshain zieht, die Furgen von den, gegen uns geschleuderten u. hier rokischettirten Geschützkugeln. (19) Das Dorf Leopoldshain, durch welches die Straße von Görlitz nach Lauban führt, war vom Feinde stark besetzt u. es hatte derselbe namentlich den, mit ziemlich hohen Mauern im Viereck umgebenen Gottesacker insofern zur Vertheidigung eingerichtet, als daß er hölzerne Böcke dahinter aufgestellt u. Brete darauf gelegt hatte, auf welchen die vertheilte russische Infanterie ihr Feuer auf unsere Blänker über die Mauern mit Vortheil richtete. Da dies nun für uns sehr unangenehm wurde, so wurde nicht gezaudert u. der, auf der uns entgegengesetzten Seite befindliche Eingang der Gottesackers erstürmt, wodurch freilich eine hübsche Zahl zu Gefangenen gemacht wurde, indem ein zweiter Eingang nicht vorhanden war.

Der, unmittelbar hinter Leopoldshain befindliche Wald wimmelte von feindlichen Blänkern. Unsere Jäger-Compagnie litt hier sehr, da sie für sich selbstständig detaschirt war u. es that diese Truppe Allen leid, sie so aufopfern zu sehen. Man hätte sie, wie man erst in neuerer Zeit angefangen hat einzusehen, unter Blänkerzüge vertheilen sollen. Es bleiben sehr viele von dieser auserlesenen Truppe; alle waren Freiwillige u. dazu gelernte Jäger.

Der Feind schien sich in diesem Walde behaupten zu wollen, u. obwohl mehrere Blänkerzüge vorgeschickt wurden, war es doch nicht möglich, denselben zum Weichen zu bringen, bis endlich mehrere geschlossene Colonnen in die lichteren Waldstrecken vordrangen u. die Rückzugslinie des Feindes bedrohten. War diese, von (20) dem General Reynier angeordnete Maasregel, in einem Wald angewendet, eine Dicke zu nennen, weil das feindliche Tirailleurfeuer in den geschlossenen Colonnen jedes Mal treffen mußte, auch so mancher Mann blieb, so hatte doch diese Maasregel, die weitere, rückgängige Bewegung des Feindes zur Folge, auch wurden mehr Gefangene gemacht. – Den übrigen Theil des Tages wurde stets geblänkert, das Kanonenfeuer wurde selten gehört u. nur hin u. wieder mit Kartätschen gefeuert. – Jenseits des Waldes angekommen, setzte die angebrochene Dämmerung der Verfolgung des Feindes ein Ziel, wir bivouaqirten u. ich kam mit 36 Mann auf Feldwache. – Der Feind hielt das, dem Wald nächst vorliegende Dorf besetzt, war nicht mehr daraus zu vertreiben u. ich erhielt daher meine Aufstellung an einem Kreuzwege, der aus dem Walde nach den beiden entgegengesetzten Endpuncten des Dorfes führte. Die beiderseitigen Vorposten standen sich demnach sehr nahe gegenüber u. es war daher, nur einigermaßen an ein Ruhen nicht zu denken.

Bei dem, am Morgen des 24ten Mai erfolgten Aufbruche fanden wir keinen Feind; er hatte sich, durch Umge-

hungen diesseitiger Armée-Corps gedrängt, zurückgezogen u. wir wurden von nun an – nach sehr harten
Tagen – durch das 4te Armée-Corps als Avantgarde
abgelöst, indem wir – nach Napoleons Ausdrucke – den
Feind aus (21) unserem Lande verdrängt hatten u.
marschirten heute mit dem Gros der Armee nach
Naumburg am Queis, welcher Ort von den Bewohnern
gänzlich verlassen u., von den Vorstruppen geplünderet
worden war. Auf dem, jenseits dieses Städtchens aufge-
schlagenen Bivouac erhielten wir einige Lebensmittel.

Am 27ten Mai vermutheten wir eine Schlacht, denn es
vereinigte sich der größte Theil der Armée auf den
Höhen, welche sich nach der Stadt Liegnitz abdachen. Es
war ein wundervoller Anblick, so viele Truppen gegen
diese Stadt u. gegen die, in der Ebene im Abzug
begriffene, schwache feindliche Nachhut in Bewegung
zu sehen, man dünkte sich bei einem großen Manouvre.

Wir biwachten jenseits Liegnitz u. a cheval der großen
Straße nach Jauer, hatten daselbst mit den Garden u.
dem 3^n u. 5^n Armée-Corps einen Rasttag, während die
übrigen Armée-Corps dem Feinde folgten.

Bevor am 29^n Mai früh der Abmarsch erfolgte, erschien
in dem, von unseren Vorposten besetzten Dorfe Neudorf
ein Parlamentair, welcher an den Groß-Stallmeister des
Kaisers, Caulincourt, Herzog von Vicenza, Depeschen zu
überbringen hatte. Deßungeachtet wurde der Marsch
fortgesetzt bis nach dem, späterhin so berühmt
gewordenen, auf einer Höhe liegenden Kloster
Wahlstadt, woselbst einige Stunden gehalten u. von
welcher Ruhe gesagt wurde, daß dieselbe wahrschein-

lich die erste Wirkung des nahenden Waffenstill (22) standes seyen, u. dann über Neumark bis Benndorf der Marsch fortgesetzt. –

Von Heute an wurde ich mit 24 Sachsen u. 30 Franzosen auf Requisitions-Commando für das 7e Armée-Corps zur Avantgarde versetzt, um, für dieses Armee-Corps überall, u. wo es nur möglich war, Lebensmittel u. Schlachtvieh aufsuchen zu laßen, u. wegzunehmen, eine, von jenen Maasregeln, welche den Einzelnen sowohl als das Ganze verdirbt u. der Armée einen schlechten Ruf bereitet. – In diesem Auftrage kam ich in ein, von dem Feind nur verlassenes Dorf, besetzte den Ausgang mit 1 Unteroffizier u. 6 Mann u. mit der übrigen Mannschaft blieb ich in der Mitte des Dorfes bei der daselbst frei gelegenen Schenke, in welcher, nach Aussage eines ergriffenen Einwohners eine bedeutende Brandwein-brennerei u. Niederlage seyn sollte. Den größten Theil der Mannschaft ließ ich abtreten, die Gewehre mitnehmen u. 1 Unteroffizier mit 8 Franzosen auf dem Platze. In der Schenke wurde allerdings ein bedeutender Vorrath von Brandwein vorgefunden u. ich traf Anstalten, die Fässer herauszuschaffen. Da fielen einige Schüsse von dem, am Ausgange des Dorfes aufgestellten Posten u. nicht lange darnach war auch schon feindliche Reiterei im Dorfe. Da ein feindlicher Anfall voraus-zusehen war, so versammelte sich das Commando in der Schenke u. die Cavallerie wurde zu den Parterre-Fenstern her (23) aus so bewillkommt, daß sie sich, ohne mein Geschäft nur gestört, aber nicht verhindert zu haben, eiligst entfernte. Daß das herbeiholen von Wagen u. das Verladen des Brandweines u. der sonst noch vorgefundenen Lebensmittel nun um so rascher erfolgte, auch von dem, in diesem Dorfe befindlichen kleinen Ritterguthe das , zum Transport nöthige Zugvieh herbeigeholt wurde, läßt sich denken. – Auf meinem Rückwege begegnete mir ein, zu meiner Unterstützung aus dem Bivouac mir nachgesendete Abtheilung Franzosen, deren Hilfe nun nicht erforderlich war, mir aber zum Wegweiser nach dem Lager des 7^e Armee-Corps diente.

Am darauf folgenden Tage – 31. Mai – hatten wir bei Arnoldsmühl ein Tiraillleurgefecht, bei welchem namentlich unsere Sappeur-Abtheilung, wegen der, von dem Feinde vertheidigten Brücke einen harten Stand hatte. Heute war ich so glücklich etwas mehr Brod, Lebensmittel u. insbesondere einige Fässer Bier einzu-treiben u. dem am Schweidnitzer Wasser lagernden 7^e Armee-Corps zuzuführen. Die, zu dem Transport nöthig gewesenen Pferde, wurden von dem General von Sahr für unser Fuhrwesen zurückbehalten, doch hatte der Oberstleutnant von Seidewitz, u. der Major von Larisch von meinem Bataillon auch ein Jeder Ein Pferd davon bekommen.

Am 1. Juni erhielt ich wiederholt diesen Auftrag; (24) es sollte jedoch in dem vorgelegenen Dorfe Puschwitz vorzugsweise alles vorfindliche Schlachtvieh wegge-trieben werden. – Der Ritterguhtsbesitzer, dem ich meine Sendung bekannt machte, fügte sich mit einem Gleichmuthe, daß ich daraus eine Falle für mich u. mein Commando folgerte. Er ließ das Vieh des ganzen Dorfes so wie das Seinige in seinem Hof zusammentreiben u. stellte somit Alles zur Verfügung. Da bat mich eine alte

Frau, ihr ihre einzige Kuh zu lassen; so sehr mir diese Bitte auch ans Herz ging, so wenig war mirs möglich ihrer Bitte zu willfahren, weil die Franzosen mich einer Partheilichkeit hätten zeihen können, dennoch aber fand ich beim Wegtreiben des Rindviehs Mittel u. Wege, daß der größte Theil desselben nicht zu halten war u. wieder in das Dorf rannte, wozu sich dann auch die benannte einzige Kuh gesellte. Da nun auch der Feind nahe war, so drehte ich nicht nach dem Dorfe um u. traf das 7^e Armee-Corps unfern Puschwitz im Lager. Abends ging hier der kaiserliche Befehl ein, auf der Linie der Vorposten die Feindseligkeiten einzustellen; Alles blieb, wo es stand.

Am 3. Juni wurde ich mit der mehrmals erwähnten Zahl an Sachsen und Franzosen u. einigen 20 leeren Wagen nach Breslau – welches am 1^n Juni vom 5^n Armée Corps unterm General, Grafen Lauriston besetzt worden war – kommandirt, um daselbst für das 7e Armee-Corps Brod zu fassen. Daselbst meldete ich mich bei dem, beim Bürgermeister wohnenden Ordonateur en Chef um von diesem die nöthigen Bons zur Brodfassung zu erhalten, mußte aber den 4^n Juni daselbst verbleiben, wurde (25) mit meinem Commando einquartirt, faßte Tages darauf u. traf mit den reich beladenen Wagen desselben Tages Nachmittags beim Corps in Puschwitz wieder ein.

Am 6^n Juni ging die Nachricht von dem abgeschlossenen 2 monatigen Waffenstillstande ein u. den darauf folgenden Tag traten wir unsern Rückmarsch über Ober-Moys, Jauer, Goldberg, Löwenberg, Lauban in die Gegend von Görlitz an.

==========================

Lager bei Görlitz
bis mit 13. August 1813

==========================

Das Bataillon von Steindel, dem ich angehörte, kantonirte bis zu dem Tage, an welchem dasselbe das, zwischen Görlitz u. Moys zu errichten gewesene Lager bezog, in Radmeritz, wir Offiziere waren in den, in diesem Dorfe befindlichen adeligen Fräuleinstifte Joachimstein untergebracht. Alles befand sich, nach einer verlebten herben Zeit, sehr wohl u. man unterhielt sich von dem verflogenen Pulverdampfe.

Nach einigen Rasttagen wurden täglich Mannschaften nach Moys kommandirt, um das Lager zu bauen, u. da man hierzu Zeit u. Material genug hatte, so wurden die Baracken nicht nur dauerhaft, sondern auch das Lager an u. für sich regelrecht gebauet. Die Offiziere hatten Baracken von Bretern, die Mannschaft von Stroh.

In der 2ten Hälfte des Juni wurde das Lager bezogen. Zwischen(26)räume in der Linie des Lagers ließen auf Complettirung der Regimenter zu 2 Bataillonen schließen, deren Ergänzung in u. bei Torgau unter den Befehlen des Generallieutenants von Lecoq betrieben wurde, denn durch die bestandenen, an Forderung von Menschenleben sehr luxuriösen Affairen waren wir wiederum sehr zusammengeschmolzen u. die Bataillone glichen starken Compagnien. Der Himmel hatte jedoch von unseren geringen Offiziersbestande – denn bei keiner Compagnie waren jetzt mehr als zwei Offiziere, indem ein großer Theil der aus Rußland Zurückgekehrten theils im Hospitale zu Torgau, theils in anderen Hospitälern des Landes lagen – wenige abgesondert. – Die Ruhe wurde daher auch vergönnt und die Mannschaft mit Exerziren vorläufig verschont, nur die Instandsetzung der Waffen war ein Hauptaugenmerk. –

Die Mundverpflegung wurde – was das Brot anbetraf – in Görlitz, das Fleisch, Gemüse pp. in Moys gefaßt u. zwar Alles in gehöriger Ordnung. An Luxuslebensmitteln fehlte es, der Nähe von Görlitz wegen, auch nicht u. es gestaltete sich Alles zu einem Lustlager.

Die Bataillons übten sich in provinziellen Spielen u. Gebräuchen – wir Thüringer im Stelzenlaufen u. es wurden mit vielen Zügen Bewegungen ausgeführt, die uns berühmt machten, ja sogar der General Reynier bestimmte, mit seiner, aus Frankreich angekommenen jungen Gemahlin einen solchen (27) in geöffneten Zügen vorgenommenen Stelzenlaufen zuzusehen.

Vor der Front des Bataillons war ein großer Platz geebnet, geräumt u. – als Rotunde – mit Gebüsch umgeben worden, der als Ballsal diente. Einem, von den Offizieren unseres, in Radmeritz gestandenen Bataillons veranstalteten Balle wohnten sämtliche Stiftsdamen, selbst die Obersthochmeisterin bei u. es ging dabei ungemein lustig zu.

Die beiden Linien-Bataillone unserer Brigade, Prinz Friedrich u. von Steindel, erhielten zu ihrem Soll-bestande, von Torgau aus, einen Transport halbgeübter Rekruten, zu deren weiteren Ausarbeitung ich kommandirt wurde. Dieses wäre nun allerdings eine sehr schwierige Aufgabe gewesen, wenn dieser neuen Mannschaft ein reines Detail hätte beigebracht werden sollen; es war aber hier nur darauf abgesehen, diese Leute in eine starke Division zu formiren, sie zusammen zu arbeiten u. für die Masse geschickt u. beweglich zu machen, damit sie ehebaldigst in die Bataillone paßten. Nach 10 Tagen konnte ich mich rühmen, diese Truppe auf den geforderten Punkt gebracht zu haben, wenigstens erkannte der Brigadier, General von Mellentin, dieß in einem Brigade-Befehl lobend an. Das war aber auch keine geringe Arbeit.

Inzwischen wurde der politische Horizont immer trüber und man wettete schon über die Gewißheit des Wiederausbruchs (28) des Krieges. – Die Ergänzungs-bataillone kamen unter den Generalleutnant von Lecoq im Lager an u. es entstanden wieder Regimenter; das Ganze wurde in 2 Divisionen – die 24te u. 25te der Großen Armee – formirt; es wurde in Regimentern u. Brigaden exerzirt; Bataillone wurden von berittenen Hauptleuten, zusammengesetzte Regimenter von Majo-ren, u. Brigaden, von Obersten kommandirt. – Neu geschaffene 8 Schwadronen Husaren u. 5 Schwadronen Uhlanen zogen hinter unserem Lager vorüber, um hinter dem rechten Flügel, wo die Division Durutte /: bei Leopoldshayn :/ lagerte, Cantonnirungsquartiere zu beziehen. Eine 12pfündige Batterie kam an u. bewies, daß wir klüger geworden waren; bisher schossen wir nur bis zu 6pfündige Vollkugeln, während die Russen aus ihren Positionen mit 18 u. 24pfündern unseren, noch sehr entfernt geglaubten Colonnen schadeten.-

Endlich ergingen sogar Befehle, gegen die böhmische Grenze kleine Patrouillen abzusenden. Alles neigte sich zu dem festen Glauben der Wiedereröffnung des Feldzuges u. als nun gar der Napoleons-Tag, der 15te Aug: - welcher solanniter gefeiert werden sollte u. wozu schon Anfang August Vorbereitungen zur Illumination u. zu Feuerwerken gemacht wurden – auf den 10ten August verlegt wurde, da sprang es Jedem in die Augen, was wir (29) zu erwarten hatten.

Kanonendonner verkündigte den Anbruch des 10ten August, u. im Lager war großer Wichs, Abends Illumination u. auf dem rechten Flügel ein großes Wasser- und Landfeuerwerk. Ein, auf einem kegelförmigen Berge aufgestelltes, colossales **N** war mit tausenden von bunten Glaslampen besetzt u. illuminirt. Die Thürme von Görlitz blinkten wie feurige Sterne durch die finstere Nacht. Kurz, es war ein großer Jubel, dessen Echo die nahenden Kriegs-Gewitterwolken zurückzudrängen suchte. –

Am 12t^{en} August brach die 2te Division u. am 14ten Aug: wir, die 1ste Division, aus dem Lager von Görlitz gegen Luckau in die Niederlausitz auf, um die Wirkungen des aufgekündigten Waffenstillstandes, die wieder ausbrechenden Feindseligkeiten, gegen Berlin zu tragen.

================================

Zeitraum vom 14^n August
bis mit 21^n October 1813

================================

Der Zustand unsere Truppen war nicht befriedigend zu nennen. Von 4000 Mann bis zu 16000 angeschwollen sahen die sehr wenigen Veteranen mit Betrüben auf die Waffen der Angekommen u. empfanden schon im Voraus eine Lähmung, die (30) kein gutes Prognosticon stellte. – Ein großer Theil der, in Eil zusammengerafften Gewehre war nicht einmal feuertüchtig; es fehlten Theile des Hahnes, selbst die Hähne u. Batterien an den Schlössern u. mitunter die Schlösser selbst, welche Mängel in dem Görlitzer Lager ihre Erledigung finden sollten, wegen unvermuthet früheren Abmarsches aber nicht fanden.

Die Bekleidung war gut, aber der, in selbiger befindliche Soldat war für sein Werk noch sehr roh. Und nun zogen wir gegen ein Heer, was nicht nur an nummerischer Stärke unsere Armee-Corps – das 7^e. 12^e. u. 4^e. u. 3^e. Reiter-Corps – weit übetraf, sondern, u. insbesondere, auch an Tüchtigkeit überragte. Altgediente Schweden, enthusiastische Preußen u. kernige Russen, nach amtlicher Angabe über 125,600 Mann, standen, unter dem Oberbefehle eines früheren französischen Marschalles Bernadotte, Fürsten von Pontecorvo, jetzigen Kronprinzen von Schweden /: dermalen König Carl von Schweden :/ uns gegenüber, denen wir nur 75,000 Mann von allen Zungen: Franzosen, Italiener, Sachsen, Baiern, Würtemberger, Badener, Hessen-

Darmstädter u. Westphäler, unter dem Oberbefehle des Marschall Oudinot (31) entgegensetzen konnten! – Dazu nun noch, wie man sich überall versicherte, Eifersucht unter den 4 Corps-Commandanten, Marschall Oudinot (12tes Corps), General Reynier (7tes Corps), General Bertrand (4tes Corps), Herzog von Padua (3tes Reiter-Corps), welche unter dem Marschall Oudinot vereint gegen Berlin wirken sollten! – In u. um Luckau fand eine Vereinigung dieser verschiedenen Armee-Corps statt u. am 19^{n} August wurde gegen die feindliche Grenze vorgerückt.

Die ersten Feindseligkeiten fielen bei dem Dorfe Schönfeld vor, woselbst mein Bataillon auch biwachte. Am 21^{n} August war ein Gefecht bei Christinendorf, bei welchem Orte die 1ste Division Stellung nahm u. bivouaquirte. Hier ereignete sich der Zufall, daß einige preußische Husaren zu einem Feldwachposten unserer, mit jenen ziemlich gleich uniformirten Husaren geritten kamen, den sie verkannten u. nur zu spät ihren Irrthum einsahen; sie mußten absitzen u. wurden zu unserem Regimente gebracht.

Rechts seit-vorwärts vor unserer Front befand sich ein, von dem Feinde besetzter u. oben mit einer Schanze versehener Berg u. in unserer linken Flanke ein preußisches Hüttenlager. Dieser Berg wurde am 22^{n} August (32) durch unsere 2te Division in der Front u. von einer Division des 12^{n} Corps – welche sich zuvor des preußischen Hüttenlagers bemächtiget hatte – in der rechten Flanke angegriffen, genommen u. es entspann sich dann, in unserer rechten Flanke, mit der Division Durutte ein Gefecht bei Wittstock, an den nach u. nach mehrere Abtheilungen von uns Theil nahmen, u. welches, weil ein, durch einen Morast geführter Damm paßirt u. genommen werden mußte, viel Menschen forderte. – Aus unserer Stellung sahen wir einen Cavallerie-Angriff auf die – jenseits des Dammes u. des genannten Dorfes formirten Vierecke der Division Durutte, welcher von derselben zurückgewiesen wurde. Bei unserem Vorrücken fanden wir auf diesem Puncte unendlich viel Dragoner u. Pferde, welche dieser Angriff den Preußen gekostet hatte. Unsere, dieser Division zur Unterstützung nachgesendete reitende Batterie hatte ein wirksames Feuer dabei eröffnet. – Das Dorf brannte u. wir nahmen jenseits desselben , unsern Bivouac. –

Am 23^n August Mittags rückten wir, der bereits im Mar-sche begriffenen 2^n Division, durch den vorgelegenen Wald gegen Gross-Beeren nach. Es regnete sehr stark u. die Gewehre waren geladen. – Das Kanonenfeuer der 2^n Division u. der Division Durutte machte uns bekannt, was wir jenseits (33) des Waldes zu erwarten hatten. –

In der jenseits des Waldes auf der Ebene gegen Gross-Beeren hin genommenen Position der 2^n Division u. der Division Durutte nahm unsere Division den linken Flügel ein u. formirte, weil sich uns gegenüber eine bedeutende feindliche Reitermasse befand, ein großes Quarrée, dessen hintere Seite der Saum des vorerwähnten Waldes bildete. – Der Regen floß in Strömen auf uns herab. – Vor uns entwickelte sich immer mehr ein ungleich starker Feind, der sich auf uns, mithin auf das, ohne weitere Verbindung mit den beiden Armee-Flügeln vorgeschickte, u. das Centrum bildende 7e Armée-Corps warf, u. ein Kanonenfeuer eröffnete, was den übrigen Corps u. dem, bei seinem, dem 12^n Armée-Corps sich befindenden Ober-Feldherrn, Marschall Oudinot unsere Gefahr deutlich zu erkennen geben mußte. Doch keines der Flügel-Armée-Corps rührte sich zu gemeinschaftlicher Mitwirkung. – Man sagte sich: der Kaiser Napoleon habe denjenigen Corps-Commadeur den Thron von Preußen versprochen, der zuerst Berlin einnimmt; und man folgerte hieraus das Haschen nach der Krone von jedem Einzelnen dieser resp. Corpsführer, u. daher auch die gegenseitige Eifersucht. – Was nun auch an dieser (34) Sage wahr, oder unwahr seyn möchte, das Ende der heutigen Affaire gab mehr Glauben für, als gegen dieselbe.

An ein Kleingewehrfeuer konnte, des anhaltenden entsetzlichen Regens wegen, von beiden Seiten nur wenig gedacht werden u. es wurde nur durch Kanonen u. mit dem Bajonnet der Tag ausgefochten. –

Die 2^e Division wurde geworfen, verlor viel Leute u. 7 Geschütze; – der Divisions-General von Sahr selbst wurde durch Bajonetstiche verwundet u. es zog sich diese Division u. die gleichfalls geschlagene Division Durutte hinter uns u. trat ihren Rückzug durch den heute paßirten Wald nach Löwenbruch unfern Wittstock an. –

Auf unsere Division fiel nun der vereinigte Feind; – wir vertheidigten die Straße von Berlin nach Wittstock nur mit Kanonenfeuer, bis zur einbrechenden Nacht. Da nun das offene Terrain sich gegen den Wald in einem spitzigen eingehenden Winkel verlief, so bekam die Aufstellung unserer Batterien immer weniger Raum u. ich habe nie wieder, auf einem so beschränkten Terrain, ein solch furchtbares Kanonenfeuer gehört. Unsere neue 12pfündige Batterie kam hier zum Erstenmale in Wirkung, zugleich aber auch in Gefahr, vom Feinde genommen zu werden, hätte die Besonnenheit der Truppen dieser Gefahr (35) nicht entgegengewirkt. –

Unter Begünstigung der Dunkelheit traten wir nun unsern Rückzug an, ohne irgend nur eine Einbuße an Geschütz erlitten zu haben. Während des Marsches durch den tiefen Sand des Waldes wurden jedoch die Munitionswagen, um sie zu retten, größtentheils von ihrer Last, durch Abwerfen der Patronen – die übrigens unbrauchbar gemacht worden – befreit. Ohne vom Feind gedrängt zu werden, erreichten auch wir Löwenbruch u. bivouaqirten daselbst. –

Das 7e Armee-Corps war, im eigentlichsten Sinne des Wortes, von dem Marschall Oudinot im Stiche gelassen worden u. war dasselbe eben so erschöpft als mißmuthig. –

Nach erfolgter Vereinigung mit den übrigen französischen Armée-Corps wurde Tages darauf der weitere Rückzug, jedoch in kleinen Märschen, in der Richtung nach Jüterbogk u. dem befestigtem Wittenberg fortgesetzt.

Gedrängt wurden wir gar nicht vom Feinde, nur auf dem Marsche von Zahna nach Kroppstädt – am 29^n August – wurden wir, auf der langen Ebene in geschlossenen Colonnen marschirend, fortwährend von Cosaken umschwärmt, bestanden bei letzteren Orte ein Gefecht und biwachten daselbst. (36) Unser Regiment erhielt hier am 30^n August unter Zutheilung von 3 Kanonen die

Bestimmung, den, im vorliegenden Wald befindlichen Feind zurückzudrängen. Ein lebhaftes Tirailleur-Feuer begann u. die, hinter uns, auf den Höhen aufgefahrenen Kanonen trugen ein wellenförmiges Echo in die Tiefe des Waldes. Wir hatten wenig Verluste; die anbrechende Nacht setzte dem weiteren Vorrücken ein Ziel u. ich kam mit einer halben Compagnie auf Feldwache. Obschon die Nacht über wenig Ruhe war, fiel doch nichts von Bedeutung vor.

Erst am 3^n Septbr: erfolgte der Marsch von Kropstädt gegen Wittenberg. Wir standen zwischen dem Dorfe Mochau u. Teuchel u. hörten auf beiden Flügeln Kanonenfeuer. In dieser Stellung paßirten wir am 4. Septbr: vor dem, von dem Kaiser Napoleon gesendeten Marschall Ney. – Derselbe befahl am 5^n Septbr: das Vorrücken sämtlicher Armée-Corps gegen Zahna und wir biwachten jenseits dieses Städtchens.

Den 6^n Septbr: früh brach die ganze Armée gegen Jüterbogk auf. Die 1ste Division lagerte eine Zeit lang in Kolonnen, Front gegen die Höhen von Nieder-Gersdorf. Da stieg in unserer linken Flanke eine mächtige Staubwol (37) ke auf, welche sich immer mehr näherte. Die, zur Seite unserer Colonne in Park aufgefahrene 12pfündige Batterie feuerte sofort Kartätschen dahin u. Alles zerstübte. Als wir kurz darauf diesen Platz überschritten, bemerkten wir die stattgehabte furchtbare Wirkung dieser wenigen Schüsse. Eine feindliche reitende Batterie mit ihrer Bedeckung würde hier ihre vollkommene Auflösung u. Gefangenschaft erfahren haben, hätten wir nur Reiterei hier gehabt, jene zu verfolgen.

Die Schlacht von Jüterbogk war somit eröffnet.

Die Brigade von Mellentin − oder vielmehr davon nur unser Regiment u. das Grenadier Bataillon von Spiegel − erhielt den Befehl das vorliegende, von dem Feinde besetzte Dorf Gölsdorf zu nehmen; das Regiment Prinz Friedrich blieb in Reserve. − Die Aufgabe wurde gelöst, u. der Feind zum Rückzug gezwungen. Allein das Dorf liegt am Fuße einer Höhe welche sehr stark, namentlich mit Artillerie und Reiterei besetzt war, u. in unserm Rücken sahen wir anfänglich nur das Regiment Friedrich. Daß der Feind uns dieses Dorf lassen würde, konnten wir aus seiner nahe stehenden, u. zu erwarten habenden starken Unterstützung wohl nicht vermuthen u. wir mußten ihn daher mit einer (38) Ueberlegenheit erwarten, der nur unsere Beharrlichkeit entgegengesetzt werden konnte. − Unterstützt von einem heftigen Kanonenfeuer griff uns der Feind mit einem furchtbaren Geschrei an; nach hartnäckiger Gegenwehr mußten wir ihm das Dorf überlassen u. uns nach unserer Reserve zurückziehen, ließen aber hinter den Zäunen der Gärten schwache Blänkerabtheilungen zurück, die sich auch ziemlich hielten. − Weil aber dieses Dorf der Brennpunkt, auf diesem Flügel, der Schlacht wurde, so erschien eine Brigade Franzosen mit voller Musik zu unserer Unterstützung u. im Vereine mit dieser Brigade u. des Regiments Friedrich wurde das Dorf zum 2ten Male genommen. Weil aber der Feind sich mit Jäger-Abtheilungen verstärkt hatte u. wir aus dem offenen Terrain gegen seine gedeckte Stellung in geschlossenen Fronten anrückten, wenig Blänker vor uns hatten, so war es natürlich, daß wir viel Einbuße erlitten. − Unter einem sehr heftigen Kleingewehrfeuer behielten wir nun eine Zeit lang dieses Dorf. Da senkte sich aber von der mehrerwähnten Höhe – dem Windmühlenberge – eine bedeutende Infanteriemasse gegen Gölnitz herab u. zu gleicher Zeit erschien in unserer linken Flanke (39) feindliche Cavalerie, die diesen Ausgang des Dorfes – den Fahrweg – forciren wollte, von der, auf diesem Fahrweg gedeckt aufgestellten 8ten Compagnie unseres Regiments aber zurückgewiesen wurde. Allein der Andrang der Infanterie auf die ganze Dorflänge war so stark, daß wir, durch zweimaliges Erstürmen dieses Dorfes sehr erschöpft, der Uebermacht weichen mußten und uns jedoch nur bis in die 2te Häuserreihe, zurückzogen. – Zum Drittenmale gingen wir wieder vor und es entspann sich nun in den Gehöfen u. Häusern ein Kampf, von den jeder Einzelne nur erzählen kann, was er dabei geleistet hat. Das Bajonet u. der Kolben waren die stillen u. furchtbarsten Waffen. – Bei den Patronentaschen zog man sich gegenseitig aus den Hausräumen u. schlug sich wie Verzweifelnde. –

Alles war aber vergebens, wir mußten dem sehr überlegenen Feinde das Dorf überlassen.

Durch ein 3maliges Erstürmen u. Vertheidigen dieses Dorfes hatte unser Regiment unendlich gelitten, namentlich war es zum Theil das Ordnen zu den wiederholten Angriffen im Bereich des feindlichen Feuers u. das, in debandirter Ordnung stattgehabte Verlassen des Dorfes ohne (40) sich durch Blänker abtheilungen zu decken, was uns viel Menschen kostete u. die geringe Zwischenruhe, welche zwischen dem Ordnen u. dem wiederholten Angriffe der Mannschaft gegönnt wurde. Allerdings ist bei solchen Anfällen dem Feind keine Zeit zum Posto fassen zu gestatten, u. man wird durch Ablösungen das Gefecht erneuern, allein wir zogen schon beim 2ten Sturme unsere Reserve mit ins Feuer u. hatten dann keine Truppen mehr weder zur Unterstützung noch zur Reserve. Für den Soldaten ist es immer sehr mislich, wenn er keine Reserven hinter sich sieht; es wäre denn der moralische Werth auf einer, das Leben für eine gute Sache gern hingebenden Stufe, oder es fände eine Erbitterung gegen den Feind statt, wie es leider! hier der Fall war. Man hatte von der Behandlung unserer, bei Groß-Beeren in Gefangenschaft gerathenen Soldaten u. Offiziere, welche sie in Berlin von dem Volke erlitten hatten, Nachrichten bekommen, die uns empörten; man wehrte sich daher doppelt gegen einen so übermüthigen, als übermächtigen Feind.

Von meiner Compagnie blieb der Hauptmann von Brunow, der Premierlieutenant von Neitschütz verlor durch eine Kanonenkugel den rechten Arm, mir war mein Degengefäß in der Hand zerschossen worden, eine Flintenkugel in den (41) Ringkragen gedrungen, 2 Kugeln durch den Tschako und 5 dergleichen durch die unteren Theile meines grauen Tuchüberrockes gegangen. Auf der Höhe, wo wir uns sammelten, hatte ich ungefähr noch 40 Mann von der Compagnie unter den Waffen. –

Das Regiment formirte sich in 2 Quarrées, zog sich in Ordnung zurück u. hatte sich zum Theil verschoßen, da stürmte eine feindliche Reitermaße – russische Dragoner – gegen uns u. es wäre ihr ein leichtes gewesen, einzudringen, hätte sie sich nicht auf eine, in unserer linken Flanke marschirende französische Batterie geworfen und diese für angenehmer gehalten. Mein Diener aber, der alte Römer, war so unglücklich gewesen, außerhalb des Quarrées, unter die feindlichen Säbel zu kommen; man hatte ihm mein von ihm geführtes Pferd durch einen Hieb von seinem Arme getrennt, u. zugleich die, auf dieser Seite von ihm getragene Feldflasche mit abgehauen. Dadurch verlor ich meinen Schimmel, mit ihm meinen Mantelsack mit meiner Wäsche u. Equipagestücken u. endlich auch einige 20 Thaler an Geld, u. ein ganzes Brod, welches letztere an der vorderen Seite des Sattels befestiget war. – Bei allem Verlust war ich doch sehr vergnügt, meinen, (42) sich so echt gegen mich treu bewiesenen Diener wieder zu finden, der ein umher laufendes Pferd inzwischen wieder aufgegriffen hatte, u. mir über- brachte.

Von den übrigen Armee-Corps war schon früher der Rückzug angetreten worden u. wurde nun allgemein. –

Das 7te Armee-Corps zog sich nach dem Walde u. zwar dahin zurück, wo der Reserve-Munitions-Parc aufge- fahren war.

Es war in jeder Beziehung ein sehr warmer Tag u. ein Staub dazu, daß man nicht 20 Schritte weit sehen konnte; der Durst war daher auch entsetzlich groß. Alles stürzte daher in eine Pfütze, durch welche Reiterei, Fuhrwesen, Artillerie u. Infanterie marschirte, u. trank. Ich hatte mich auf furchtbare Weise erhitzt, weil die jungen Soldaten, das Feuer nicht gewohnt, sehr angetrieben werden mußten, auszuhalten, u. trank auch aus dieser Pfütze mit großer Hast, ohne unangenehme Folgen davon verspürt zu haben. –

Endlich schützte uns der Wald gegen die Verfolgung des sehr überlegenen Feindes u. die Nacht brach an. Allein der Wald war es auch, welcher die Divisionen u. die Regimenter wieder von diesen auseinanderbrachte u. so geschah es denn auch, daß einzelne Soldaten wieder von ihren Compagnien abkamen; allein das Ganze nahm, obschon auf verschiedenen Wegen, gleichsam instinct-mäßig, den Marsch (43) nach Torgau. –

Während der Nacht ereignete sich der sonderbare Zufall, daß eine Abtheilung preußischer Husaren zwischen eine Abtheilung Infanterie u. die Bedeckung des Generals Reynier gerieth, hinter dieser im Marsche blieb u. mit auf einen Damm kam, auf welchen seiten der Suite des General Reynier die Irrthumsreiter erkannt, aber durch die gebotene Stille in ihrem Wahne so lange gehalten wurden, bis ein schicklicher Platz erreicht wurde, wo diese Husarenabtheilung ohne Umstände absitzen mußten. – Man kann sich also auch einen Begriff von dem Staunen machen, welches diese Preußen beseelte.

Den hierauf folgenden Tag – 7^{n} Septbr: - trafen wir gegen Mittag in Zwethau ein u. die sämmtlichen sächsischen Truppen sammelten sich in einer Aufstellung bei Graditz u. Werda, rückten den 8^{n} durch Torgau, wurden bei dem Fort Zinna formirt, die Regimenter auf je Ein Bataillon reduzirt u. die 1te Division bezog dann ein Lager bei Süptitz. Hier wurde ich – auf Befehl des Generalleutnant von Lecoq u. nach seinen Worten „wegen besonders gutem Verhalten in der Schlacht bei

Jüterbogk" – zu dem 1^n Grenadier-Bataillon von Spiegel u. zwar zu der 4^n Compagnie desselben versetzt. – Dieses Bataillon begriff (44) in sich den Stamm der früheren Grenadier-Bataillone von Liebenau u. von Spiegel, oder die Grenadiere der Regimenter Prinz Max^{an}, von Rechten, Prinz Friedrich u. von Steindel früher Prinz Clemens, mithin 8 Grenadier-Compagnien auf 4 Compagnien zusammengeschmolzen u. übrigens noch durch gutgediente Mousquetiere ergänzt. Die Grenadiere bildeten damals die Elite der Armée. – In administrativer Hinsicht waren daher 4 Wirthschafts-offiziere in diesem Bataillon; ich war der, der beiden, jetzt zu Einer, der 4n Compagnie, formirten zwei Compagnien von Steindel.

Das Lager, oder richtiger, der Bivouac bei Süptitz zeichnete sich durch eine furchtbare Prügel-Exekution aus; jeder Soldat, der ohne Waffen zu seiner Parthei kam, erhielt 20 Schläge. Gewiß haben viele Soldaten diese Strafe unschuldig erlitten; es wurde ihnen nicht geglaubt, wenn sie sagten, sie wären gefangen worden, hätten sich aber ranzionirt. Es wurde vielmehr ange-nommen, daß sie ihre Waffen weggeworfen hatten. – Allerdings kannte man auch die Feigheit von den jungen Soldaten; - indessen, wer dieser Rückzug mitgemacht hat, mußte wissen, wie leicht ein Abkommen vom Ganzen – in der Dunkelheit der Nacht u. bei dem furchtbar eingetretenen Regen – möglich war u. wie schwer es war, die, im Walde einmal verlorene Parthei wieder zu erlangen; - man konnte eben so leicht in Gefangenschaft gerathen, als sich, die Dunkelheit der Nacht nutzend, aus selbiger befreien.

Ich glaube, man hätte das Erscheinen beim Regimente ehren (45) sollen, denn wer sich nach einer solchen Niederlage dennoch zu seiner Parthei verfügt u. sie aufsucht, der verdient Schonung. –

Das Lager sollte, wie es den Anschein hatte, einige Tage währen, allein schon am 9^n brachen wir gegen Düben hin auf, wendeten uns aber wieder gegen die Elbe u. bezogen bei Dommitzsch ein Lager. Eine neue Formirung, der ganzen sächsischen Armée in Eine – die 24^n – Division wurde hier vorgenommen, über welche der angekommene Generalleutnant von Zeschau für den, zu Sr. Majestät dem Könige abberufenen General-leutnant von Lecoq, das Commando übernahm. – Die feindlichen Vorposten standen jenseits der Elbe, hatten einige Infanteristen übergesetzt u. ein Paquet ge-druckter Proclamationen an die sächsischen Truppen auf das diesseitige Ufer der Elbe niedergelegt. Wir wurden zum Abfalle von der französischen Armée u. zum Bündniße mit den Alliirten darinnen aufgefordert. Fand auch die Auseinandersetzung dieser Verhältnisse ein stillschweigendes Erkennen unserer Lage, so war doch die Ehre der Beweggrund zum Verharren u. zur Ausdauer in derselben noch ein allgemeines Gefühl zu nennen.

Am 22^n Septbr: erfolget der Aufbruch nach Kemberg. Wer hätte wohl im Herbste 1811, als das Regiment Prinz Clemens hier in Cantonnirung stand, geglaubt, oder nur ahnen können, daß uns 2 Jahre später, u. zu derselben Jahreszeit solche Verhältnisse hierher führen würden, als sie jetzt waren. Damals übten wir uns hier im Felddienste u. Feldmanouvren, nahmen Kemberg oft im

Sturme, oder vertheidigten dasselbe! Jetzt kamen (46) wir, reich an Erfahrungen, u. einsehen gelernt, daß jenes Spiel hier nunmhro zu bitterem Ernste werden würde. Und in welchem Zustande waren wir damals? – wie Jetzt? – Nur wenige sahen Kemberg u. die Dörfer wieder, wo wir in Putz, Wohlstand, Gesundheit u. innerer Zufriedenheit zugebracht hatten! – In der That beherrschte diese Wenigen, mithin auch mich, ein wehmüthiger Ernst bei dem Vergleiche mit Heut u. Jetzt! – Ach! u. was mußten wir hier in der ersten Nacht erleben! – Das Bataillon König, welches im Walde gegen Oranienbaum u. Dessau unter dem Major von Bünau auf Vorposten stand, ging während der Nacht vom 22^n zum 23^n Septbr: zum Feinde über. – Der Generalleutnant von Zeschau erschien des Morgens bei unserem Bataillon, machte uns, tief bewegt, mit diesem Ereignisse bekannt u. forderte uns mit unserem Ehrenworte auf, treu mit ihm auszuharren. – Dem Beobachter konnte die Entrüstung über ein solche Unternehmen nicht entgehen, überzeugte er sich auch aus den betrübenden Umständen des diesseitigen Truppen sowohl, als von den traurigen Verhältnissen der übrigen, mit uns gegen den Uebergang des Feindes über die Elbe gemeinschaftlich operirenden Rheinbündnern u. Franzosen, daß sich nämlich mit Riesenschritten Alles dem Untergange näherte. Witterung, fortwährendes Hin- und Hermarschiren von Torgau bis Dessau, um das linke Elbufer zu vertheidigen; Mangel (47) an Brod, übrigen Lebensmitteln u. Schuhwerk, stete Abnahme der Streitkräfte diesseits, fortwährender Zudrang zu den Waffen jenseits; hierseits ausgesogene Provinzen u.

abgetragene ruinirte Ortschaften, die Kartoffelfelder umgewühlt u. verdorben; jenseitig ziemlich geregelte Verpflegung u. geschonte Provinzen im Rücken, Waffenunglück u. Unzufriedenheit; kurz Alles verband sich zu unserem Unglück u. wies auf eine baldige Auflösung des Ganzen. Und wenn beim dürftigen Wachfeuer gegenseitig die düstere Frage aufgeworfen wurde, wie sich das Ganze wohl noch endigen werde? so mußte doch der Einzelne nicht egoistisch handeln, u. lieber mit dem Ganzen untergehen, als durch eine solche ehrlose That, wie der Major v.Bünau, sich aus dem Chaos zu retten, wodurch dieser Elende den Zurückbleibenden Mißtrauen, Spott u. Schande bereitete. –

Der Aufbruch erfolgte nach Pretzsch u. nach dem wahrscheinlichen Uebergang des Feindes über die Elbe unfern Wartenburg. – Bei dem Dorfe Trebitz, wo ich im Monate Septbr: 1811 bei dem dasigen Pastor Spitzner im Cantonnement war, wurde Stellung genommen und bivouacirt. Natürlich besuchte ich den Pastor Spitzner, welcher mich sehr freundlich aufnahm; er schenkte mir (48) ein ziemlich großes Brod u. ein Töpfchen Butter. Ach wie lange schon hatte ich diese Erquickung entbehrt u. wie dankte ich diesem freundlichen Geber. –

Gegen Abend hörten wir ein bedeutendes Kanonenfeuer, welches die, die Festung Wittenberg belagernden Preußen gegen diesen Ort eröffneten; nicht lange danach bemerkten wir am Horizont einen rothen Schein, der und von den Wirkungen der, nach Wittenberg geworfenen congrevschen Brandraketen – ein Geschoß, was nur erst jetzt gegen Festungen, u. im offenen Felde auch gegen tapfere Quarrees, geschlossene Colonnen u. Cavaleriemassen von den Alliirten angewendet wurde – überzeugten.

Am 26^n Septbr: traten wir den Marsch nach Dessau zu an. Den 27^n blieben wir – das 1te Grenadier-Bataillon – in Oranienbaum als Schutzwache, rückten jedoch den 29^n den vorangegangenen Franzosen nach, welche den Feind bis Dessau verfolgten, über die Mulde u. auf das rechte Elbufer zurückdrängten.

Im Park von Luisium erhielt unsere Brigade ihre Aufstellung. – Die Brücke über die Mulde hatte der Feind nicht abzubrennen vermocht u. es war uns daher leicht, die Verpflegung aus Dessau zu beziehen, obschon wir an Fleisch keinen Mangel litten, denn die, in diesem Park ge (49) hegten Hirsche, boten uns Fleisch im Ueberfluß. –

Tages darauf ging der Befehl Sr. Majestät unseres Königs ein:

> *das, zu dem Feinde übergegangene Bataillon durch öffentliches, im Bivouac u. möglichst vis a vis des Feindes zu veranstaltendes Ausrufen, u. lautes Verlesen der Namen sämmtlicher Offiziere desselben, entweder zurückzurufen, oder, nach ertheilter Frist, für infam erklären, die Offiziere zu kassiren u. deren Namen an den Galgen schlagen zu lassen.*

Das zu diesem Ausrufen bestimmte Commando bestand in

> 1 Auditeur, welcher mit lauter u. kräftiger Stimme das königl. Rescript vorlas u. die Namen der Offiziere ausrufte

1 Offizier	welche diesen Auditeur begleite-
2 Unteroffz.	ten, vor der Mitte jeder Truppen-
1 Tambour	abtheilung aufmarschirten u.
30 Grenadiere	nachdem der Tambour Apell ge-

schlagen hatte – während des Ausrufens präsentirten. Uns grad über – auf dem rechten Elbufer standen Schweden, die, durch das Schlagen des Tambours aufmerksam gemacht, dieses Ausrufen, wenn auch nicht verstanden, doch deutlich gehört haben mögen.

Allein das Bataillon blieb aus. – Ferner wurde befoh (50) len, daß die, etwa aus irgend einem Grunde noch vorhandenen Soldaten dieses Bataillons an andere Partheien abgegeben werden sollten u. die Doublirung – Aufschlag etc. – dieses Bataillons solle hinfort nicht mehr bestehen. –

Das diesseitige Elb- u. Mulde-Ufer wurde verschanzt u. fleißig daran gearbeitet, auch wurde unser Grenadier-Bataillon etwas weiter vor, gegen die Verschanzung hin, detaschirt.

Bis mit 3ⁿ Octbr: blieben wir bei Dessau stehen, brachen aber in der Nacht zum 4ⁿ Octbr: nach Oranienbaum auf, weil der Feind bei Wartenburg den Uebergang ueber die Elbe forcirt hatte, in Düben u. in unserem Rücken erschien, u. erreichten heute noch Delitzsch. – Beim Abmarsch von Dessau verlies mein Compagnie-Commandant, Hauptmann v.Hopfgarten Krankheits wegen, die Compagnie u. begab sich nach Wittenberg, wo derselbe in Garnison gestanden – zu seiner Familie. Ich übernahm das Commando der Compagnie, weil der zuständige Prem.Ltnt: krank in Torgau zurückgeblieben war. – Man ist es der Wahrheit schuldig zu gestehen, daß viele Offiziere, namentlich die Aelteren, ihre Partheien, theils vorgeblich, (51) theils wirklich krank verließen. Dieß wirkte natürlich in denselben Graden auch auf die Soldaten.

Am 5^n Octbr: erfolgte der Marsch gegen Eulenburg, den 6^n gegen Wurzen. Wir biwachten bei Plagwitz u. Püchau u. blieben den 7n in dieser Stellung, in welcher sich Truppentheile von der , von Dresden nach Leipzig marschirenden Großen Armée einfanden. Der Kaiser Napoleon erschien selbst mit seinen Garden u. führte die hier vereinigten Armée-Corps gegen den Feind.

Am 9^n Octbr: brachen wir auf, marschirten durch Eulenburg, paßirten die Mulde u. wurden jenseits des Dorfes Klitsche[3], Brigadeweise u. in geschlossenen Colonnen neben einander aufgestellt. Die Reiterei der kaiserl. Garde hielt rechts, französische Infanterie-Colonnen , sowie die Division Durutte links neben uns; einige Batterien waren aufgefahren u. verscheuchten die, vor unserer Frontschwärmenden Cosaken, denen sonst nichts entgegengesendet wurde. –

In dieser Aufstellung erschien der Kaiser, ritt die Front ab u. verfügte sich dann, mit seinem zahlreichen Stabe, vor die Mitte unserer Division, beordrete sämmtliche Offiziere u. Unteroffiziere des 7n Armée.Corps zu sich, (52) ließ uns einen Halbkreis um sich bilden u. sprach folgende, mir stets vergegenwärtigt bleibende Worte zu

---

[3] spätere Bezeichnung Kültzschau, heute Eilenburg-Ost

uns, welche der Groß-Stallmeister Caulincourt, auf eine radebrechende Weise verdeutschte.

Messieurs faites le cerle.

[1] Soldats du septième Corps! Vous Francois et Saxons! /:traduisez en allemand:/ [2] Vous avez en beaucoup des malheurs dans les dernières évenements; [3] je suis arivé moi – même pour me mettre à la tète, et pour vous donner la revenge. [4] Je n'ai fait pas la paix, dès ce que les ennemis ont voulu avoir les frontières jusq'à l'Elbe. [5] Le Roi, qui est votre père, m'a donne l'armée dans la main. [6] Celui – ci qui ne veut pas être fidèle à son roi – va_t_en. – [7] Il n'est rien de nouveau de voir alliés les aigles francois (53) avec les trapeaux de Saxe cur déjà depuis sept ans cest fait celle alliance. [8] Saxons! pensez vous, que vous étes encore les mêmes Soldats de Friedland et de Wagram! – [9] Pourrais je compter sur votre fidélité dans la première bataille? [10] Et vous Francois! /:traduisez donc en allemand foudre:/ pensez vous [11] que vous avez la guerre contre un homme, [12] qui a été soldat parmi vous, [13] et qui vient de mener la guerre contre nous.

Es möge dieser wörtlich getreuen Anrede – es war ja das letzte Wort – des Kaisers nun auch, nebst einigen kleineren Nebenumständen, die treue Uebersetzung folgen, wie wir sie aus dem Munde des Groß-Stallmeisters hörten. – Napoleon hielt gerade vor uns, ritt eine Falbe u. hatte seinen grauen Ueberrock an, jedoch nicht zugeknöpft, so, daß er in die Tasche seiner, unter der Uniform vorschauenden Weste greifen konnte; die Zügel des Pferdes hatte er in der linken Hand. –

(54) Kaum hatte der Kaiser sie ersten Worte an die versammelten Franzosen u. Sachsen gerichtet, als er sich schnell umsah u. den Groß-Stallmeister befahl, /:wie die eingeklammerten Worte der Anrede beweisen:/ seine Anrede ins Deutsche zu übersetzen. Dieser ritt nun an die linke Seite Napoleon, nahm seinen einfachen Huth ab, hielt denselben – so lange er den Dolmetscher abgab – vor sich auf dem Sattelknopfe u. sprach – indem sich der Kaiser eine Prise Schnupftabak aus seiner, in der Westentasche befindlichen goldenen Dose nahm – die ersten Worte, die durch die rothe[4] Nummer 1 in der Anrede bezeichnet sind u. fuhr nach der Nummernreihe fort.

Der Kaiser sakt: [1] *Soldaten des 7n Corps, Ihr Franzosen und Sachsen!* [2] *Ihr habt gehabt in die letzte Zeit viel Malheur; der Kaiser sakt:* [3] *Ich bin gekommen, mich zu setze auf Euren Kopf, um Euch zu gebe die Revenge.* [4] *Ich habe nicht gemakt den Friede, weil der Feind haben will die Elb zu seiner Gränz.* [5] *Der König, welcher ist Euer Vater, hat mir gegebe Euch in meine Händ.* [6] *Wer nicht treu sein will seinem König, der geh.* [7] *Es ist nicht neu zu sehen die Alliance, seit die* (55) *siebenjährige Krieg seid ihr verbünde mit die französische Fahnen.* [8] *Erinnert Euch Sachsen! Seit ihr nicht mehr die nämliche Soldaten von Friedland und Wagram?* [9] *Kann ich traue auf Eure Treu in der ersten Bataille?*

Nun wendete der Kaiser seinen Blick gegen die Franzosen u. redete zu diesen. – Caulincourt mochte glauben, daß sein Dolmetscher-Amt aufgehoben sei,

---

[4] In der Wiedergabe sind die Nummern hochgestellt.

weil der Kaiser zu seinen Sprachgenossen sprach; da fuhr ihn der Kaiser furchtbar an mit den in Paranthese gesetzten Worten, worauf der Groß-Stallmeister fortfuhr:

[10] *Und Ihr Franzosen, erinnert Euch,* [11] *daß Ihr habt den Krieg gegen einen Mann zu führen,* [12] *welcher war Soldat unter Euch,* [13] *u. welcher gekomme ist, gegen uns Krieg zu führen.*

Nach Beendigung dieser Anrede erscholl ein weit hin tönendes Vive l'Empereur, wobei die gezogenen Säbel – den so standen wir vor dem Kaiser – geschwungen wurden.

Nachdem wir wieder bei unseren Colonnen eingetroffen waren, erging der kaiserliche Befehl, von jedem Bataillon 5 Individuen – Offiziere, Unteroffiziere u. Soldaten – (56) vor die Front zu schicken, welche sich in den bisherigen Affairen tapfer beweisen haben, um einen Jeden zu Ertheilung des Ordens der Ehrenlegion aufzuzeichnen. – Inzwischen begab sich der Kaiser zu der Division Durutte u. ertheilte den Regimentern, welche keine Adler hatten, unter dem gewöhnlichen Ceremoniell, Adler u. dann wurden die, zu dem Kreuze der Ehrenlegion Empfohlenen unserer Division, die vor der Front in ein Glied rangirt waren, von einem Adjutanten des Kaisers durchgezählt u. notirt. – Ich war auch mit vorgestellt worden.

Nach diesem, mir stets noch vorschwebenden Actus erfolgte, unter Napoleons unmittelbarer Anführung unverweilt das Vorrücken gegen den Feind, durch den

Wald, gegen Düben, welches auch heute noch erreicht
wurde. –

Als der Kaiser bemerkte, daß der Feind ihm nicht
Widerstand leiste, setzte er sich in den Wagen, u. fuhr,
während des Marsches nach Düben, durch unsere
Division.

Die Franzosen zertheilten die Wolken mit ihrem enthu-
siastischen Rufe: Vive l'Empereur! sobald er sich nur
einer Truppenabtheilung derselben näherte u. ich sah
einen kleinen, aber bärtigen Voltigeur, um den Kaiser zu
sehen u. ihm aus Leibeskräften sein Vive zu bringen, auf
einen Fourgon klettern u. zu seinem Rufe Tzschako u.
Gewehr schwenken. –

(57) Wir biwachten bei Pristäblich unfern Düben u. es
wurde uns hier ein Theil von einem bedeutenden
Transport mit Ochsen bespannter, kleiner russischer
Wagen als Beuteantheil übergeben, welche die
polnischen Uhlanen im Walde, im eigentlichen Sinne des
Wortes, dem Feinde entführt hatten. Dieser Fang hatte
sich nämlich folgendermaßen zugetragen. – Ein
Uhlanen-Unteroffizier wird mit einigen Uhlanen im
Walde auf einen, frischbefahrenen Seitenweg detaschirt,
sieht eine bedeutende Menge kleiner, mit Ochsen
bespannter Wagen sorglos und ohne Bedeckung vor sich
hin fahren u. sucht auf einem, mit diesem Fahrwege
ziemlich parallel laufenden Seitenwege die Spitze dieser
Wagenkolonne zu erreichen. Dieses gelingt ihm, von den
Wagenführern unbemerkt, vollkommen; er droht den
vordersten Wagenführer zu töten wenn er Lärm mache,
wendet diesen ersten Wagen, durch ein allmäliges,

zweimaliges Linksabschwenken auf seinen Weg u. da nicht bei jedem Wagen ein Führer war, zum Theil auch auf ihren Wagen lagen, so schlägt ein Wagen nach dem anderen in gewohnter Weise diesen Weg ein, u. es führt somit dieser Unteroffizier die ganze Wagenkolonne – ca. 120 Wagen – in aller Stille seinem Haupttrupp zu. – Wenn auch die Wagen nur mit Leder, Leisten (58) u. anderen, für den Augenblick uns nicht nöthigen, oder nützlichen Dingen belastet, so waren es doch die Bespannungen derselben, die wir als Schlachtvieh erhielten. Vor jedem Wagen befanden sich 2 Ochsen. –

Am 10^n Octbr: passirten wir Düben u. gingen bis Kemberg vor woselbst wir erst zur Nachtzeit ankamen, bivouaquirten, den 11^n die Elbe bei Wittenberg passirten, die Festung entsetzten u. daselbst biwachten.

In der Gegend zwischen Düben u. Kemberg blieben Zwei Compagnien – worunter die 4te Comp. vom Bataillon v.Steindel – um Korn zu dreschen u. dasselbe mahlen u. verbacken zu lassen, eine Maasregel, die den Beweis liefert, auf welcher Stufe der Modus unserer Verpflegung stand. Die Compagnien besetzten die sämmtlichen Mühlen u. sollten die Produkte ihres Fleißes alsbaldigst den Truppen über Wittenberg nachführen. – Wir haben kein Resultat davon gesehen. –

Unter Mitwirkung beträchtlicher französischer Reiterei wurde der Feind auf dem rechten Elbufer am 12^n Octbr: über Cosswig hinab nach seinem Brückenkopfe bei Roßlau verfolgt; es benutzte derselbe ein, an dem Ufer der Elbe sich hinziehendes Wäldchen zu seinem Vortheile, verlor aber dennoch viele Gefangene.

(59) Am 13n Octbr: marschirten wir gegen Zerbst, biwachten bei dem Dorfe Klieken, brachen aber des Nachts wieder auf, vereinigten uns rückwärts mit den französischen Truppen bei Cosswig u. überschritten am 14^n Octbr: die Elbe bei Wittenberg. –

Die Gegend um Wittenberg, Kemberg u. Düben, welche so oft u. mit stets vermehrten Streitkräften durchzogen wurde, war vollkommen verheert, ohne alle Nahrungs-mittel mehr für Menschen u. Pferde; die Dörfer waren sämmtlich abgetragen u. glichen Ruinen; die Einwohner hatten sich auf das rechte Elbufer geflüchtet. – Es war uns, als sollten u. mußten wir in diesem Terrain-Abschnitte verhungern. – Hatte bisher Alles vom Halme, Erdbirnen u. Kraut gelebt, u. war man dabei nicht mit Schonung verfahren, so mußte der jetzige Aufenthalt in dieser Gegend nur noch die dürftigste Nachlese seyn. – Kein Truppentheil marschirte auf gebahnten Wegen, alles marschirte in geschlossenen Colonnen querfeldein u. walzte nieder, was hin u. wieder noch stehen geblieben war; meilenweit waren die Felder zu Tennen geworden. Man kann daher wohl glauben, daß die Hungersnoth den höchsten Gipfel erreicht hatte. So geschah es denn, daß wir die stehengebliebenen Kraut-strünke aus der Erde zogen, reiniget, kochten schälten und uns (60) von dem Marke derselben zu sättigen versuchten.

Am 15n Octbr: setzten wir den Marsch nach Düben fort. Kaum waren wir auf dem Bivouac angelangt, so wurden die bei Eilenburg zum Orden der Ehrenlegion empfohlenen Offiziere, Unteroffiziere u. Soldaten vor die Front gerufen u. erhielten, durch den Generalleutnant v.Zeschau ohne weitere Ceremonie die Brevets zu diesem Orden. Jeder Ritter behing sich sofort mit dem Band der Ehrenlegion u. trachtete nun, sich den Orden daran gelegentlich anzuhängen.

Von diesem Bivouac aus wurde ich mit meiner Grenadier Compagnie in das Hauptquartier des Generals en Chef Grafen Reynier nach Düben auf Generalwacht kommandirt, marschirte dahin, übernahm die Bewachung des Hauptquartiers u. war an die Befehle des Chef des Generalstabes gewiesen, mithin vollkommen vom Grenadier-Bataillon getrennt. –

Bestimmt, im Hauptquartier auch die polizeiliche Ordnung zu erhalten, war mir insbesondere noch aufgegeben nicht zu gestatten, daß französische Nachzügler sich nicht selbst einquartirten, oder – wie es gar häufig geschah – Feuer in den Straßen u. Plätzen der Stadt anzündeten u. unterhielten. – Meinen Bivouac hatte ich auf (61) den Hofe des Schlosses, in welchem der General en Chef wohnte.

Am 16^n Octbr: vernahmen wir eine starke Kanonade nach Leipzig zu; ich ging in den Schloßgarten auf der Seite nach der Mulde, fand den General Reynier daselbst auf u. ab gehend, oft sich niederlegen u. das Kanonenfeuer beobachten, überhaupt in steter Unruhe. Nicht lange darnach brach das Hauptquartier auf; mit der Equipage desselben passirte ich gegen 9 Uhr die Mulde u. traf das 7e Armée-Corps bei Welaune, von wo Nachmittags wieder aufgebrochen u. nach Eilenburg marschirt wurde.

Erst in der 9^n Stunde Abends traf ich mit der Equipage des Generals vor dem Dorfe Klitsche ein, woselbst die ganze Equipage des 7^n Armee-Corps u. noch einiger anderer Armée-Corps aufgefahren war.

––––––––––

Von Jetzt an beginnt ein neuer Zeitabschnitt für mich u. es ist mir die weitere Angelegenheit des 7^n Armee-Corps vor, während u. nach der Schlacht bei Leipzig gänzlich unbekannt, denn ich erhielt, als dieses Armée-Corps noch in der Nacht vom 16^n zum 17^n Octbr: Eilenburg verließ u. nach Leipzig marschirte, von dem General Reynier den Befehl, mit seiner Equipage mich an die Gesamtmasse zu halten, u. blieb daher (62) – wie dies die eingetretenen Ereignisse beweisen werden – auf Immer von dem 7^n Armée-Corps getrennt. –

Am 17^n Octbr: Nachmittags kam ein russischer Offizier mit 6 Dragonern als Parlementair umittelbar u. ohne weitere Vorsichtsmaasregeln in Klitsche an; Gott weiß wie dies zuging, in einem nur von Fuhrwesen u. weniger Bedeckung gebildeten Bivouac zu erscheinen u. ohne Umstände hineinzukommen; freilich waren keine Sicherheitswachen ausgestellt, weil kein organischer Truppenkörper weiter anwesend war als meine Grenadier-Compagnie, indessen war es auffällig, daß die Erscheinung gar kein Aufsehen erregte. Ein anwesender französischer General nahm jedoch den angeblichen Parlementair an, ließ ihn auf seine Stube kommen, durch anwesende Gensdarmen aber die Dragoner einladen, abzusitzen, u. – so wie dies geschehen war – auch augenblicklich entwaffnen, die Pferde abnehmen u.

diese Dragoner nebst ihren Offizier als Gefangene an mich abgeben. Eine Maasregel, die hier die Vorsicht gebot, denn was hätte werden sollen, wenn man diesen Offizier, wenn er sich von der entsetzlichen Menge Fuhrwerkes überzeugt hatte, so hätte wieder abziehen lassen, wie er gekommen war. –

(63) An demselben Nachmittage kamen mehrere französische, baierische, badensche u. würtembergische Soldaten in der Richtung von Leipzig her an, die ihre Regimenter nicht auffinden konnten u. brachten sehr entmuthigende Nachrichten mit, auch hörten wir eine starke Kanonade. Abgesendete Gensdarmen konnten nicht mehr nach Leipzig, kamen wieder zurück u. mochten die Veranlaßung gewesen seyn, daß wir in der Nacht vom 17^n zum 18^n Octbr: mit dem ganzen versammelten Fuhrwerke über Mockrehna nach Torgau aufbrachen. Auf dem Marsch dahin, welcher, der Abgetriebenheit der Pferde zu Folge, in dem tiefen Sande u. Walde sehr langsam, jedoch mit vieler Ordnung erfolgte, obgleich wir von Cosaken verfolgt u. geneckt wurden, bekam ich – wie dies nicht anders seyn konnte – das Werk der Bedeckung.

Bei Mockrehna wurde – in Colonne aufgefahren – die nothwendige, aber leider sehr dürftige Fütterung des Vorspanns vorgenommen u. nach einem Aufenthalte von 2 Stunden der Marsch nach Torgau fortgesetzt, in dessen Schutzbereiche wir Nachmittags spät eintrafen, gegen Abend aber erst auf dem Glacis unseren Bivouac – in der Nähe des großen Teiches – (64) angewiesen erhielten.

Am 19^n Octbr: früh meldete ich mich bei dem Gouverneur der Festung Grafen Narbonne – einem ehrwürdigen, etwas bejahrten Generale, der von hoher Statur war u. ein sehr herablassendes, einnehmendes Wesen hatte, gepudertes Haar u. Schuh mit Schnallen trug u. im Uebrigen wie ein Emigrée aussah – u. übergab den erwähnten russischen Offizier nebst 30 Gefangenen, die auf dem Marsche von Eilenburg bis hierher nach u. nach in meine Hände gefallen waren. Von diesem General erhielt ich Befehl, bis auf Weiteres auf dem angewiesenen Bivouac zu verbleiben; eine Beurlaubung von der mir untergebenen Grenadier-Compagnie nach Torgau könne aber nicht erfolgen, weil für die, auf dem Glacis befindlichen Sachsen die Thore geschlossen wären. Diese Maasregel war mir sehr unangenehm, indem ich die, in Torgau von mir befindlichen Equipage-stücken nun nicht an mich nehmen konnte. –

Auf dem Glacis fand ich ein schwaches Bataillon von Low unter Commando des Hauptmanns Roos. –

Am 20^n Octbr: wurde von dem General Narbonne (65) eine Fouragirung für die überbrachten Equipagen in das, an dem westlichen Ende des großen Teiches gelegene Dorf Räckwitz anbefohlen. Den Oberbefehl führte ein französischer Major u. meine Grenadier-Compagnie gab die Bedeckung dazu. Mit der Hälfte dieser Compagnie marschirte ich ab, mein alter Römer mit mir, während die 2te Hälfte u. meine Equipage im Bivouac verblieben, über welche der Feldwebel – Heyne – den Befehl führte. – In genanntem Dorfe angekommen, wurde von den französischen Equipage-Soldaten eine reine Plünderung vorgenommen u. da diese furchtbar ausartete, die Leute auch gar nicht wieder aus den Häusern zu bringen waren, auf Zuruf u. Trommel nicht hörten, so befahl mir der Major, einige Grenadiere die Gewehre abschießen zu lassen um jene glauben zu machen, der Feind habe uns abgegriffen. Diese List gelang; in kurzer Zeit hatte sich Alles wieder bei der Bedeckung eingefunden u. der Rückmarsch wurde mit requirirtem Hafer, Heu u. Lebensmitteln angetreten.

Auf der zurückgelegten Hälfte des Rückweges begegnete mir aber der, früherhin in Torgau krank zurück gebliebene, nun aber rekonvaleszirte Leutnant von (66) Sternstein vom Regimente Prinz Friedrich, den der in Torgau befindliche sächs: Generalmajor v.Mellentin mit der 2^n Hälfte meiner Grenadier-Compagnie in der Meinung zur Unterstützung mir nachgesendet hatte, weil er von den gefallenen Schüssen auf einen Angriff geschlossen hatte. –

Als ich auf meinem Bivouac wieder eintraf, vermißte ich meine, daselbst zurückgelassene Equipage, welche die Franzosen mir gestohlen hatten. Damit war denn auch das, bei Düben erhaltene Brevet zu der französischen Ehrenlegion mit verloren. –

Von dem Generalmajor v. Mellentin erhielten die, auf dem Glacis der Festung befindlichen sächsischen Truppen Befehl, Morgen – den 21^n Octbr: - früh um 8 Uhr bei der Windmühle zu einer Revue vor demselben bereit zu stehen. –

Hier befahl uns genannter General, Torgau zu verlassen u. nach Süptitz zu marschiren, auch wies mich derselbe an die Befehle des Bat: Commandanten, Hauptmann

Roos u. theilte mir den Leutnant Sternstein zur Dienst-
leistung zu. Demnach sagten wir Torgau Valet u.
marschirten nach Süptitz. –

(67) Auf dem Marsche dahin theilte uns der Hauptmann
Roos die, von dem General Mellentin ihm gemachte
Eröffnung mit, daß nämlich die sächsischen Truppen
während der Schlacht bei Leipzig am 18^n Octbr: zu den
Alliierten übergegangen seyen u. daß wir somit von nun
an auch den Alliierten angehörten u. jenseits des Dorfes
Süptitz Kosaken antreffen würden, die uns als Alliierte
begrüßen würden. – Ueber diese Nachricht waren wir
nicht wenig erstaunt, konnten dieselbe kaum fassen, bis
uns der Augenschein jenseit gedachten Ortes überzeugte. Und so marschirten wir denn Heute noch bis in
die Gegend von Wurzen, woselbst der russische General
Knorrig u. unter ihm der General Eszyn stand.

So hatte sich denn nun das ganze Schauspiel verändert.
– Meinem Gefühle ist dabei die angenehme Beruhigung
zu Theil geworden, zu dem Feinde nicht übergegangen
zu seyn. – Den Alliierten hatten wir uns nunmehro
zugesellt; es hat sich das Blatt vollkommen gewendet u.
der Spieß ist, von Heute an, umgedrehet. –

Was hat uns dieses geholfen? Der König verblieb in
Leipzig u. wurde – als Gefangener von den Alliierten
erklärt.

———

(68) Eine furchtbare Zeit hatte – Gott sei es Dank! – nun ihr Ende erreicht. Bot der Feldzug in Rußland viel Entbehrungen, so war es nicht minder der in Sachsen, welcher überdies noch reichhaltiger an vielen u. sehr blutigen Affairen war. Es ist nicht zu viel gesagt, wenn man von diesem Zeitraum – von Aufhebung des Waffenstillstandes bis zur Schlacht von Leipzig – mit Grauen spricht; Hunger, Elend u. Gefechte waren das tägliche Schicksal des Soldaten u. es wurde deshalb sehr vermehrt, weil jegliche Anstalt zu regelmäßiger Verpflegung gebrach, indem, auf kleinen Terrainabschnitten große Truppenmassen lagerten, die Alles aufzehrten, was die fruchtbaren Felder an Getreide u. Früchten boten. Dazu kam nun noch, daß der Flächeninhalt immer kleiner wurde wo wir uns bewegten, indem die Stärke der alliierten Arméen außer allem Verhältniß zu uns waren u. – was uns anbetraf, die wir wie bereits erzählt den linken Flügel der Großen Armée bildeten – die Landesstrecke von Torgau bis Wittenberg u. Dessau uns übrig ließ, welche wir bald diesseits, bald jenseits der Elbe – doch weniger das rechte Elbufer – auf u. niederwärts passirten u. demnach vollkommen vernichteten. –

Die Abmagerung, die Hinfälligkeit erzeugten in dem Soldaten wie in dem Offizier eine an Stumpfsinn grenzende Gleichgültigkeit; mehr aber war dies bei den Franzosen ganz augenfällig der Fall, denn diese ver (69) trockneten u. verdarben truppweise an den Straßen u. in den abgetragenen Scheunen der Dörfer. – Das Leben hatte aufgehört einen Reiz abzugeben u. die Sicherung der edlen Gefühle war in der Brust des Soldaten erloschen. –

Der Soldat gehorchte nur aus Angewöhnung, folgte stumpfsinnig dem Vordermanne u. blieb er zurück, so kam er entweder gar nicht wieder, oder er ging dem Kanonendonner nach, der täglich zu vernehmen war. –

Das Bedrückendste für uns Sachsen war die tägliche Ueberzeugung von den Verwüstungen unserer schönen Provinzen, ja, daß wir dieselben selbst mit verwüsten halfen u. daß gewißermaßen der Sohn des eigenen Vaters Grundbesitz mit verheeren half.

======================

Zeitraum vom 22n Octbr: bis zur Ablösung von der Blockade der Festung Torgau den 14n Novbr: 1813

======================

Am 22^n Octbr: erhielten wir von dem Corps-Commandanten General Knorrig unsere Marschrichtung nach Freiberg, marschirten über Wurzen hinaus, bildeten die Avantgarde für dessen nachrückendes Cavallerie-Corps u. übernachteten in einem mit nicht mehr erinnerlichen Dorfe des Muldenthales. Von hier aus formirte ich den äußersten Vortrupp mit meiner Grenadier-Kompanie, marschirte demnach den 23^n Octbr: über Grimma nach Colditz /: das Ba (70) taillon Roos ließ mich um einen Marsch voraus :/ u. den 24^n Octbr: über Waldheim, Nossen nach Freiberg, auf welchem Marsche die ganze Compagnie gefahren wurde. – Vor Waldheim stand eine starke Abtheilung Cosaken im Bivouac, welche den Leutnant von Sternstein, der voraus gefahren war, um in Waldheim für meine Grenadier-Compagnie Brod u.

Brandwein zu requiriren, weil derselbe wie alle sächsischen Offiziere französische Epaulettenabzeichnung trug, für einen Franzosen gehalten u. als ihren Gefangenen betrachteten, auch solange festhielten, bis ich mit der Compagnie ankam. –

Den 24^n Octbr: abends spät rückte ich in Freiberg ein, welches keine Besatzung, wohl aber einen russischen Offizier zum Commandanten hatte. Da man nun daselbst vom Eintreffen sächsischer Truppen gar keine Nachricht u. bei meinem Einrücken von meinen Tambouren französischer Marsch geschlagen wurde, so entstand ein ungemeines Aufsehen, man warf Thüren u. Läden zu, indem man allgemein glaubte französische Truppen zu sehen. Auf dem Markte machte ich Halt u. hatte Mühe, die Neugierigen u. Furchtsamen von ihren Landsleuten zu überzeugen. Hierbei erfuhr ich, daß in dem nahe gelegenen Kaufhause eben ein großer Ball zur Feier des Sieges bei Leipzig abgehalten wurde u. daß der russische Commandant sich daselbst befände. – Zu diesem ließ ich mich führen. –

Wie erschrak dieser russische Stabsoffizier, als er mich (71) auf sich loskommen sah! – Zuerst fragte er mich, was ich hier wolle, u. da ich ihm antwortete, daß ich der Vortrupp für den, morgenden Tages mir nachfolgenden General Knorrig bilde, so verlangte er, weil ich etwas Schriftliches nicht vorzuweisen hatte, mein Ehrenwort ab, worauf er, nicht ohne augenfällige Spuren von Angst u. Verlegenheit den anwesenden Rathsmitgliedern Befehl ertheilte, mich u. meine Grenadier-Compagnie einzuquartiren. –

Natürlich währte es sehr lange ehe dies geschah, ich ließ die Gewehre in Piramiden zusammenstellen u. es fanden sich eine Menge Personen mit Lebensmitteln auf dem Markte ein u. versahen – aus Freude einmal wieder Sachsen zu sehen – meine Grenadiere sehr reichlich damit.

Für diese Nacht besetzte ich das Donathsthor u. das Meißnische Thor, weil von dieser Seite her – von Dresden u. Meißen – der Feind jetzt nur noch zu erwarten war.

Am 25^n Octbr: früh rückte eine österreichische Brigade in Freiberg ein u. ich zog meine aufgestellten Posten zurück; Nachmittags traf auch der Hauptmann Roos mit dem Bataillon von Low ein u. ich verblieb bis zum 27^n Octbr: früh 9 Uhr, rastend, in Freiberg.

An diesem Tag erhielt ich früh 8 Uhr nachstehende, an (72) den Hauptmann Roos, Commandanten des Batl: von Low gerichtete Ordre, welche dieser mir im Originale behändigte, weil er mich abermals mit meiner, ihm gar nicht untergeordneten Grenad: Compagnie detaschirte, angeblich, um sein Bataillon, welches kaum noch einmal so stark als meine Compagnie war, nicht so sehr zu schwächen u. weil er überdies nur junge Soldaten habe, u. ich ein Ganzes unter meinem Befehle habe, welches gediente u. versuchte Leute wären.

Abschrift

Wohledelgeborner Herr Major!

Zu Folge des Befehls Sr. Excellenz des Herrn General u. Ritter v.Knorrig, werden Sie eine Compagnie von Ihrem

Bataillon, mit den Offizieren nach Meißen beordern, zur Besetzung dieser Stadt. Es wird dort schon ein Offizier vom Uhlanen Regimente als Stadt-Commandant seyn. Diese Compagnie muß schon heute auf ihren bestimmten Platz ausmarschiren.

Im Falle einer anrückenden feindlichen Uebermacht, soll sich diese Compagnie an Ihr Bataillon, oder an das Corps des Generals von Knorrig zurückziehen. Wo sich solche befinden, wird allemal der Stadt-Commandant Auskunft davon geben können.

Freiberg den $^{27}/_{15}^n$ Octbr: 1813   *Generalmajor Eszyn*

(73) Man war damals stets marschfertig u. ich konnte daher desselben Tages früh 9 Uhr bereits abmarschiren. – Obgleich in vorstehender Ordre ausgesprochen ist, daß Meißen vom Feinde – der von dem befestigten Dresden aus daselbst ein Detaschement u. ein Hospital hatte – geräumt sei, erhielt ich dennoch den mündlichen Befehl, dem General Knorrig von Meißen aus mittelst Estafette zu benachrichtigen, wenn ich daselbst angekommen u. ob irgendetwas vom Feinde in der Umgegend angetroffen worden wäre. Dies bestimmte mich zu Marsch Vorsichtsmaasregeln. Eine halbe Stunde vor Meißen machte ich Halt u. schickte den Leutnant von Sternstein mit einer Section vor, die Vorstadt von Meißen zu rekognosziren. Langsam rückte ich nach u. bei dem Gerichte /: Galgenberge :/ blieb ich, bis genannter Offizier die Meldung schickte, daß in Meißen vom Feinde nichts mehr zu bemerken wäre.

Ich rückte in Meißen ein; der Stadt Commandant war der Rittmeister Todt[5], welcher früher in unseren Diensten gestanden u. der damals noch einen Bruder in unserer Armee hatte. Er überließ mir das Commando der Stadt u. reiste noch desselben Tages zu seinem /: Uhlanen :/ Regimente nach Wurzen ab.

Dresden war noch von gegen 30,000 M. Franzosen besetzt u. da das hierselbst gestandene Detaschement nur erst vor Zwei Tagen dahin abmarschirt war, nach dem (74) dasselbe die Schiffbrücke verbrannt u. zerstört hatte, so stellte ich einen Avertissementsposten auf der Höhe u. nach der Straße diesseits der Elbe auf. Zur Nachtzeit wurde aber auch noch ein Piquetposten diesseits Neudörfchen – im Elbthale aufgestellt.

Die Brücke fand ich noch demselben Zustande, in welchen diese von den Franzosen versetzt worden war; auf dem Schloß dagegen, welches auf dem , gegen die Elbe u. gegen die jenseitigen Weinberge gelegenen vorspringenden Winckel durch übereinander gelegte Sandsäcke verschanzt, zu seiner Zeit auch mit Zwei Kanonen versehen worden war um die Brücke zu vertheidigen, fand ich einen namhaften Vorrath von Gewehren, Seitengewehren, Capots, Tzschakos, Patronentaschen u. Tornister, welches, mit der Domkirche, als Hospital gedient hatte.

Die Meldung über mein Eintreffen im Meißen sowohl, als über die vorbemerkten Umstände sendete ich Heute noch p. Estafette nach Freiberg, über welche Requisition

---

[5] Sousleutnant Carl August Tod (Trainbataillon) oder Johann Friedrich Tod (Regiment König)

– beiläufig gesagt – ich im Jahre 1816 von der damaligen Kriegsverwaltungs-Kammer in Anspruch genommen wurde.

Seit dem 3^n Octbr: im Bivouac bei Dessau hatte meine Compagnie keine Löhnung wieder erhalten u. es gebrach daher derselben an Allem, was zur Reinlichkeit u. zum Fortkommen gehört; ich mußte daher dafür sorgen, daß den (75) Grenadieren die Wäsche gewaschen u. die Schuhe ausgebessert wurden, womit ich schon in Freiberg den Anfang machte. Daher requirirte ich auch hier Waschweiber u. Schuhmacher auf Kosten der Stadt, versah aber auch die Compagnie mit den vorgefundenen neuen französischen Capots, besseren Tzschakos u. Lederwerksstücken, und es erhielt die Compagnie ein Ansehen, wie sie ein solches vorher kaum gehabt hatte; denn als ich am 29^n Octbr: Nachmittags die Compagnie auf dem Markte aufstellte, war selbst die Mannschaft über ihr Aeußeres erstaunt, denn sogar die fehlenden rothen Federstütze hatte ich hier vorräthig gefunden u. vertheilen können. –

An diesem Tage kamen sehr viel westphälische Soldaten durch Meißen, welche – nur mit den Seitengewehren bewaffnet – aus Dresden nach ihrer Heimat entlassen worden waren.

Durch Postillione ging von Freiberg die Nachricht ein, daß das daselbst gestandene Bataillon Sachsen abmarschirt sei; eine offizielle Nachricht davon erhielt ich nicht, wohl aber durch einen, in Freiberg zurückge-bliebenen, Heute aber – den 30^n Octbr: – von daher ankommenden Unteroffizier die Bestätigung dieses

Gerüchtes mit dem Bemerken, daß das Bataillon von Low nach (76) Oschatz marschirt sei.

Am 1^n Novbr: marschirte ich daher nach Oschatz, fand aber daselbst weder sächsische Truppen noch eine Nachricht über von im Marsche begriffenen sächsischen Truppen, kehrte am 2^n Novbr: mit meiner Grenadier-Compagnie wieder nach Meißen zurück in der Meinung, über meine weitere Bestimmung daselbst etwas vorzufinden, allein ich rastete sogar noch am 3^n Novbr: ohne Nachricht zu erlangen u. hörte auch, daß an den General Knorrig in Freiberg schon seit dem 29^n Octbr: nicht mehr zu denken sei. − So im Stiche gelassen, marschirte ich den 4^n Novbr: wieder nach Oschatz u. war so glücklich, daselbst den Leutnant von Goldacker, vom Leib-Garde-Regiment, zu treffen, von dem ich erfuhr, daß sämmtliche sächsische Truppen, seit dem 2^n Novbr:, sich als Blockade-Corps vor der Festung Torgau befänden.

Etwas Näheres darüber u. auf welchem Ufer der Elbe sich das Corps befindet, konnte derselbe jedoch nicht angeben. Dessen ungeachtet marschirte ich am 5^n Novbr: über Belgern hinaus. Während des Marsches dahin war aber ein heftiges Kleingewehrfeuer in der Richtung nach Torgau zu vernehmen, was sich mehr zu nähern, als zu entfernen schien, auch wurde das Kanonenfeuer heftiger.

(77) Ich machte Halt u. da sich das Kleingewehrfeuer zu fernen anfing, die Dunkelheit übrigens auch eintrat, übernachtete ich − unter Aufstellung einer Feldwache auf der Straße nach Torgau − in _____ u. erfuhr daselbst, daß das Hauptquartier der sächsischen Truppen in

Mahitzschen sich befinde u. daß diese Truppen schon am 3^n Novbr: u. wahrscheinlich auch Heute ein heftiges Gefecht bestanden hätten.

Am 6^n Novbr: marschirte ich nach Mahitzschen, traf daelbst den, die sächsischen Truppen kommandirenden Generalmajor von Ryssel u. zugleich auch mein zugehöriges Grenadier-Bataillon, welches mich für gefangen gehalten hatte. Demnach war ich vom 15^n Octbr: bis Heute ohne alle Nachricht von meinem Bataillon getrennt gewesen.

Zur Ehre dieser Grenadier-Compagnie muß ich anführen, daß die Disziplin, trotz aller Ungewißheit u. irrem Herumziehen, nicht einen Augenblick gewankt hat u. daß daher die Compagnie es sich klar bewußt war, daß sie zur Elite der Armee gehört.

Bis mit 13^n Novbr: gehörten wir zum Blockade-Corps der – selbst gebauten – Festung Torgau, am 14^n aber marschirten wir über Leipzig in das Cantonnement bei Merseburg, woselbst wir aufs Neue organisirt wurden.

(78)=============================

Zeitraum vom 14^n Novbr: bis mit 19^n Decbr: oder Cantonnement bei Merseburg und Querfurth

===========================

In Lauchstädt wurde das aus den Grenadieren der „alten Armee", der Regimenter Prinz Anton u. von Low – das frühere Grenadier-Bataillon Anger – Prinz Max u. von Rechten – das frühere Grenadier-Bataillon von Spiegel – Prinz Friedrich August u. Prinz Clemens, nachher von Steindel – das frühere Grenadier-Bataillon von Liebenau – bei Dommitzsch formirte 1te u. 2te Grenadier-Bataillon in Ein, nunmehro das 3te Bataillon des neu organisierten Grenadier-Regiments formirt, dessen 1tes Bataillon die Garde, u. dessen 2tes Bataillon das Bataillon König bildete, welches am $^{22}/_{23}{}^n$ Septbr: unter den Major von Bünau bei Oranienbaum überging u. von dem russischen General Leut. v.Thielmann – den die Alliierten das Commando der sächsischen Truppen übertragen hatten – zu einem Grenadier-Bataillon erhoben wurde u. dem nun auch noch die wenigen Grenadiere vom Regimente König u. von Niesemeuschel – des früheren Grenadier-Bataillons von Brause, nachher von Eychelberg – einverleibt wurden.

Dieses, von dem General Thielmann ernannte Zweite (79) Grenadier-Bataillon wurde von den übrigen Truppen das „Schweden-Bataillon" genannt, weil es zu den Schweden übergegangen war u. blieb auch stets ein misgeachtetes Bataillon.

Dieses provisorische Grenadier-Regiment – so wurde das Regiment geschrieben – kommandirte der Oberst Prinz Bernhard von Sachsen-Weimar u. das 3te Bataillon – bei welchem ich stand – der Major Anger, der Major von Spiegel stand als 2ter Stabsoffizier dabei.

Nachdem so die neue Formirung erfolgt war, erschien von der provisorischen Regierung – dem russischen Gouverneur Fürst Repnin – in allen Tagesblättern die Bekanntmachung eines General-Pardons für Deserteure u. Ueberläufer u. dann zugleich der Befehl zur Ablegung des Ordens der Ehren-Legion u. zum Abtrennen der Crepinen aus den Epauletten der Hauptleute u. Subalternoffiziere als eine verpönte französische Abzeichnung u. wir wurden nun, nach u. nach, zu Russen u. Preußen zugestutzt. Und ob der letzte Befehl auch pünktlich erfüllt sei, ließ uns Thielmann – der legitimirte Deserteur – bei Merseburg die Revue paßiren, wobei er immer noch „ zu seinem u. (80) u. der echten Deutschen Leidwesen" französische Epauletten sehen mußte u. deshalb eine arge Drohung erließ. Ich war, leider! auch Einer von den einzigen Sündern u. trennte schnell meine Crepinen aus.

Aus diesem Cantonnement, welches ungefähr 8 Tage währte, rückten wir in das, von Querfurth.

Die Formierung einer Landwehr wurde von der provisorischen Regierung dekretirt u. es sollten, zu Betreibung dieser Organisation, von jeden Truppentheile Offiziere in die verschiedenen Kreise des Königreiches abkommandirt, zuvörderst aber zur Vertheilung nach

Merseburg gesendet werden. – Mich traf diese ehrende Bestimmung.

==========================

Zeitraum vom 20^n Decbr: 1813 bis mit 6^n Febr: 1814, oder die Zeit des Commandos zur Ausarbeitung Einer Landwehr-Compagnie

==========================

Nach einem mehrtägigen Aufenthalte in Merseburg reiste ich, mit noch 3 Offizieren, am 20^n Decbr: nach Naumburg – meinem Geburtsorte – ab, um von dem dasigen Landwehr-Central-Ausschusse des thüringischen Kreises denjenigen Ort angewiesen zu erhalten, welches als (81) Mittelpunkt eines Distriktes, der Eine Compagnie zu stellen hatte, ausersehen u. zur Versammlung u. Ausarbeitung derselben dienen sollte. Erst am 24ten Decbr: reiste ich an den Ort meiner Bestimmungen in die Schwarzburgischen Aemter, Kelbra u. Heeringen ab. Heeringen wurde mein Hauptquartier.

Da stand ich denn nun auf mich allein beschränkt, ohne auch nur Einen Unteroffizier als Gehülfen zu haben, den Bogen Papier in der Hand, worauf die Namen der Land-wehrmänner u. deren Gestellungsorte verzeichnet waren. Ueber 200 Bauernbursche wurden hier versammelt, zu Einer Compagnie eingereiht u. in Heeringen verquartiert. – Eine enorme Aufgabe u. eine noch weit stärkere Arbeit! – Wären die Behörden der Schwarzburgischen Aemter u. der Stadtrath von Stollberg am Harz durch ihre Bereitwilligkeit bei dem so schwierigen

Geschäfte mir nicht behülflich gewesen, ich hätte dieser herkulischen Aufgabe unterliegen müßen. Daher erinnere ich mich gern u. mit wahrer Dankbarkeit an genannte Behörden. –

Das erste Geschäft war, dieser rohen Masse die Kriegsartickel vorzulesen, zu erklären u. beiläufig die Hölle recht heiß zu machen u. die Landwehrmänner zu meßen. Dies geschah am 3ten Weihnachtsfeiertage. -

(82) Die erste Hauptfrage war jedoch: wie ist es möglich, so vielen Leuten die nöthigsten Anfangsgründe beizubringen, um sie bald in die Herde treiben zu können. Die 2te Frage war: woher bekommst du Gewehre u. Eine Trommel, wo aber einen Tambour dazu her? Und so entstanden Tausende, unerledigt gebliebene Fragen als das schwierige Geschäft angegriffen wurde. Alles lastete auf mir, Compagnie-Commandant, Leutnant, Feldwebel, Fourier u. die übrigen Unteroffiziersdienstgrade einer Compagnie.

Von dem Central-Ausschuß zu Naumburg war angeordnet worden, daß den, zur Ausarbeitung u. Organisation der Landwehr kommandirten Offiziere diejenigen verabschiedeten Unteroffiziere u. qualificirten Soldaten zur Ausarbeitung der Landwehrmänner gestellt werden sollten, welche sich in den Ortschaften des Compagnie-Distriktes befinden, ein Auskunftsmittel, an welches sich aber unendliche Schwierigkeiten u. Plackereien, in Bezug auf Entbehrlichkeit, Gesundheit u. Alter der Verabschiedeten knüpften, diejenigen Schwierigkeiten noch gar nicht zu erwähnen, die in der Frage lagen: Wann ist die Verabschiedung eines solchen Mannes erfolgt?

Drei Tage waren vergangen als sich erst 6 dergleichen Individuen bei mir gemeldet hatten, bei welcher Zahl es auch ver (83) blieb. Zu verschiedenen Zeiten u. schon längst verabschiedet, zeigte deren Aeußeres schon, daß sie während ihrer Dienstzeit nur als Null figurirt haben mochten, denn es war früherhin das Ausarbeitungsgeschäft pr. Compagnie nur Einem ausschließlich, dem Instruktions-Unteroffizier – gewöhnlich ein tüchtiger Mann, der nebenbei aber auch den Stock gehörig zu handhaben verstand – anvertraut, die übrigen Unteroffiziere waren größtentheils nur Handlanger. –

Die sämmtlich Verabschiedeten waren vor dem Jahre 1810 entlassen worden, in welchem Jahre ein neues Exercir-Reglement erschien; sie mußten daher erst selbst eingeübt werden. – Demnach exercirte ich selbige Eine Stunde vor dem Ausrücken der Compagnie u. übte mit ihnen das, was sie in der nächsten Stunde auf die Landwehrmänner übertragen sollten. Wenn ich an jene Zeit gedenke, so ist es mir in der That ganz unbegreiflich, wie ich diese Periode glücklich überstehen konnte! – Und noch dazu im Januar bei Schnee u. Kälte; denn die Witterung mochte seyn, wie sie wollte, ausgerückt wurde.-

Durch vieles Zureden bekam ich endlich auch einen Tambour, welcher 1811 verabschiedet worden war u. den ich, weil er bei derselben Compagnie gestanden, wo ich mich befand, genau u. zwar als einen sehr albernen Menschen kannte; (84) nach erlangter Requisition desselben, fehlte mir aber die Trommel; davon wird die weiter unten stehende Correspondenz zeugen. –

Auf vorbeschriebene Weise u. ohne passende Hülfs-
mittel erfolgte das Einüben dieser starken Compagnie,
aus deren Mannschaft nun auch noch der Etat an Unter-
offizieren zu entnehmen war. Mit Ernennung des
Feldwebels mußte ich schon nach Verlauf von 6 Tagen
den Anfang machen, anstatt denselben erst aus der Zahl
der zu ernennenden Unteroffiziere – Corporale – zu
nehmen. Ich avanzirte hierzu den gebildetsten u.
schreibkundigsten Mann der Compagnie, den Sohn des
Försters von Heeringen, welche Wahl ich keineswegs zu
bereuen hatte, indem er auch zugleich am erfahrensten
in der Behandlung des Gewehrs war u. bei den Unterhaltungsstunden über Auseinandernehmen u. Zusammen-
setzen des Gewehrs sehr bald allein wirken konnte.
Zudem hatte derselbe ein hübsches Aeußeres u. zählte
23 Lebensjahre. –

Der Barbier Lerche aus Tilleda wurde, da er in diesem
Dorfe die Chirurgie ausgeübt hatte, sich auch als Freiwil-
liger stellte, obwohl er ein Vierziger war, zum Chirurg bei
der Compagnie von mir ernannt, u. somit waren waren
denn die Ersten Grade in den ersten 8 Tagen bei der
Compagnie installirt.

Mit Ernennung der übrigen Unteroffiziere, die aus den
Freiwilligen gewählt werden sollten, die schon als Landwehrmänner das Prädicat Sie genossen u. als äußeres (85)
Erkennungszeichen auf der linken Brustseite der Mon-
tierung ein grünes Tuchkreuz trugen, blieb es bis zum
Eintreffen in Naumburg, wo ein Bataillon zusammenge-
setzt wurde, welches mit dem Weißenfelser Bataillon Ein
Regiment – das thüringische Landwehrregiment –
formirte. –

Täglich 8 Uhr rückte ich mit dem Haufen Bauern zum Exerziren aus, um 11 Uhr ein u. Nachmittags ließ ich von 1 bis 4 Uhr exerziren; die Tage waren kurz u. es mußte daher die Zeit zusammengenommen werden. Hierzu erhielt ich auch nach u. nach 20 Stück Gewehre allen Calibers u. die seit erdenklichen Zeiten unter dem alten Eisen gelagert als patriotische Beiträge von Stadt u. Dörfern u. endlich auch einige gute Kugelbüchsen. Mit diesen Gewehren, die an u. für sich erst handhablich gemacht werden mußten, wurden nun wechselweise die Abtheilungen, deren Stärke einige 30 Mann unter Einem verabschiedeten Unteroffizier betrug eingeübt, während die übrigen Landwehrmänner im Marsch, den Rotten-aufmärschen u. Schwenkungen – die übrigen Bewegungen mußten unterbleiben – geübt wurden. Der Marsch in der Wendung wurde dem Haufen während des Marsches auf u. von dem Exerzirplatze durch mich beigebracht. –

Die Unterhaltungsstunden mußten auf die Sonntage verlegt werden, an welchen auch noch die Einkleidung der Land (86) wehrmänner vorgenommen wurde, die jedoch erst in Naumburg ihre Vollständigkeit erreichte.

So ging das mühsame Tagwerk unter stetem Wohlseyn u. unter Wohlbefinden meinerseits – in dem Quartier bei dem Herrn Rath Oberländer /: Bürgermeister :/ fort; die übrige Tageszeit füllte eine nicht unbedeutende Corres-pondenz, die sich theils auf Gestellung, Verabschiedung u. Nachgestellung, so wie überhaupt auf das ganze Geschäft bezog. Belege hierzu liefere ich abschriftlich im Nachstehenden, welche aus dem Paquetchen „Land-wehrsachen enthaltend" entnommen sind.

Namentliches Verzeichnis der 7ten nachherigen 4ten Landwehr-Compagnie

Namen	Zoll	Geburtsort

Grafschaft Roßla

Roßla / Gestellungsquote 11 Mann

Namen	Zoll	Geburtsort
Johann Andreas Koch	67 ½	Roßla
Christoph Erdmann	66 ¾	
Gottlieb Fränzel	68 ½	
Wilhelm Gottfried Suhle	67 ¼	(87)
Carl Kieling	67 ¼	
Christian Günther	68 ¾	
Andreas Höhnsch	70 ½	
Friedrich Fischer	70 ¼	
Friedrich Eckardt	73 ¼	
Friedrich Herrmann	69 ½	
Joh. Jacob Aescher	74 ½	

Bennungen / Gestellungsquote 9 Mann

Namen	Zoll	Geburtsort
Joh. Christoph Röder	68	Bennungen
Christian Heyne	68 ¼	
Joh. Fried. Christian Heyroth	68 ½	
Joh. Christoph Gottlieb Koch	70	
Joh. Christoph Reinshausen	73	(88)
Joh. Heinrich Andrä	68	
Friedrich Christian Schäfer	68 ½	
Joh. Christoph Sachse	69 ½	
Joh. Ernst Gottlob Koch	73	

Uftrungen / Gestellungsquote 9 Mann

Namen	Zoll	Geburtsort
Heinrich Wendelin	70	Uftrungen
Joh. Friedr. Andreas Zunker	72 ¼	

Friedr. Christian Siebold	73 ½	
Joh. Heinr. Ernst Heidecke	69	
Joh. Christian Ernst Götze	71	
Joh. Martin Tölle	75	
Joh. Christian Dittmar	69	
Andr. Wilh. Steinhardt	68 ¼	
Christoph Trumpf	69	(89)

Questenberg / Gestellungsquote 3 Mann

Joh. Christian Pabst	70	Questenberg
Joh. Gottfried Mühlhahn	68 ½	
Christian Wurzbach	72	

Rosperwenda / Gestellungsquote 3 Mann

Wilhelm Wernicke	68 ½	Rosperwenda
Christoph Flügel	70 ¼	
Christian Worch	71	

Dietersdorf / Gestellungsquote 4 Mann

Aug. Christian Schreiber	71 ¼	Dietersdorf
Joh. Christian Stier	70 ¾	
Carl Aug. Wilhelm Lange	70 ¾	
Martin Böttcher	75 ½	

Breitungen / Gestellungsquote 7 Mann

Christoph Knauth	68 ½	Breitungen
Andreas Knauth	70 ¾	
Christoph Mund	69 ¾	(90)
Christian Lauterbach	70 ¾	
Christoph Müller	70 ½	
Andreas Heisching	72 ½	
Friedrich Lauterbach	74 ¼	

Wickerode / Gestellungsquote 3 Mann

Joh. Christoph Haase	68	Wickerode
Wilhelm Friedrich	71	
Friedrich Göricke	70	

Klein-Leinungen / Gestellungsquote 1 Mann

Joh. Christian Albert	69 ½	Kleinleinungen

Haynrode / Gestellungsquote 4 Mann

Joh. Christian Beitmann	73 ¾	Haynrode
Joh. Christian Kolditz	69 ¾	
Joh. Andreas Wedekind	72 ½	
Carl Traumann	71	

Drebsdorf / Gestellungsquote 2 Mann

Ludwig Hinsching	76	Drebsdorf
Andreas Bennewitz	72 ½	(91)

Breitenbach / Gestellungsquote 3 Mann

Joh. Gottfried Burghardt	70 ½	Breitenbach
Joh. Gottfried Braachmann	76 ¼	
Joh. Carl Friedr. Worch	71 ¾	

Wolfsberg / Gestellungsquote 3 Mann

Joh. Wilh. Andreas Döring	70 ½	Wolfsberg
Joh. Ctian Andreas Döring	69	
Joh. Gottfried Hempel	70 ¼	

Breitenstein / Gestellungsquote 6 Mann

Christoph Adam	72 ½	Breitenstein
Christian Müller	68 ¾	
Gottfried Westphal	73	
Christoph Müller	68 ¼	
Wilhelm Löwe	71	
Joh. Mart. Friedr. Schröder	71 ½	

Ditticherode / Gestellungsquote 2 Mann

Ctian Ehrenfried Wehling	69	Ditticherode
Wilh. Ludwig Knote	70	(92)

Herrmannsacker / Gestellungsquote 4 Mann

Christoph Fuhrmann	74 ½	Herrmannsacker
Heinrich Bornemann	69 ½	
Andreas Gerlach	73	
Christoph Gerlach	76	

Amt Stollberg

Stollberg Gestellungsquote 20 Mann

Ctoph Theodor Holzhäuser	68 ¼	Stollberg
Heinrich Ctian Hahnemann	70	
Joh. Andreas Heydecke	73 ½	
Ernst Ludwig Sandrog	69 ¼	
Joh. Christoph Bilschel	72 ½	
Joh. Heinr. Ctoph Fiedler	68 ½	
Joh. Heinr. Wilh. Ortmann	68 ½	
Joh. Friedrich Krause	71 ½	
Joh. Friedr. Heinr. Müller	70 ½	
Joh. Aug. Friedrich Keil	67 ½	
Heinr. Gottlob Schmalsfuss	68	
Ludwig Friedr. Hellmann	68 ¼	(93)
Ctian Friedrich Büchner	70 ¼	
Joh. Fr. Martin Henneberg	67 ½	
Heinrich Gerralt	73	
Heinrich Tölle	67	
Andreas Theuerkauf	69 ¾	
Friedrich Heppach	70 ¼	
Johann Stolle	72 ½	
Friedrich Müller	75 ½	

Rodishayn / Gestellungsquote 2 Mann

Joh. Heinrich Hering	74 ¼	Rodishayn
Joh. Heinrich Tempelhof	70	

Schwenda / Gestellungsquote 6 Mann

Joh. Andreas Ctian Oertel	73	Schwenda
David Eugen Esner	74 ½	
Christian Rössler	69 ¾	
Samuel Ctian Berndt	69 ¼	
Heinr. Martin Stoeckmann	71 ¾	
Joh. Christian Karthäuser	70	(94)

Stempeda / Gestellungsquote 3 Mann

Joh. Heinrich Stürmer	67 ½	Stempeda
Ernst Thümler	71 ½	
Joh. Christian Schröder	71 ½	

Hayn / Gestellungsquote 6 Mann

Joh. Christoph Kinhold	70 ¼	Hayn
Gottlob Conrad George	69 ¾	
Ctian Heinr. Martin Hahn	70	
Christian Gottfried Wagner	71 ¾	
Ernst Dittmar	76 ½	
Christian Wolf	72 ¼	

Straßberg / Gestellungsquote 9 Mann

Anton Ludwig Bucerus	69 ¾	Straßberg
Christian Plettner	75	
Christian Friedrich Busch	68 ¼	
Georg Heber	69 ½	
Andreas Heinrich Uhlig	72	
Christian Friedrich Lukas	72	
Christoph Heinr. Buchmann	71	
Anton Kaufmann	70 ¼	

Jacob Schmidt	71	(95)

Rottleberode / Gestellungsquote 7 Mann

Carl Ctoph Fried. Hirschfeld	74	Rottleberode
Joh. Christoph Mosebach	69	
Heinr. Andreas Siebold	67	
Joh. Conrad Tecklenburg	69 ½	
Joh. Christian Breitrück	70 ¾	
Christian Wiegand	72	
Gottlieb Knabe	71	

Amt Heeringen

Heeringen / Gestellungsquote 13 Mann

Joh. Friedrich Hirschfeld	72 ¼	Heeringen
Bernh. Ludw. Friedr. Grimm	71	
Joh. Gfried Carl Wernicke	75 ½	
Joh. Friedrich Rosenstiel	72 ½	
Friedrich Holze	68 ¼	
Joh. Heinr. Ctian Kellermann	69	
Joh. Friedr. Angelstein	71 ½	
Christoph Wilh. Krause	70 ¾	
Joh. Jacob Hahn	71	
Joh. Ludwig Mäder	76 ½	
Ludw. Friedrich Heeringer	70	(96)
Heinr. Christoph Schmidt	71	
Joh. Adolph Thon	70	

Görsbach / Gestellungsquote 9 Mann

Joh. Carl Räuber	73 ¼	Görsbach
Joh. Gottfried Siebert	72 ½	
Ludwig André Sturm	74	
Joh. Ctoph Carl Meier	74 ¼	
Carl Heirich Heise	72	

Joh. Carl Weidmann	68 ¾
Joh. Valentin Schadeberg	70 ¼
Joh. Friedr. August Hartung	72
Joh. Christoph Höge	73 ½

Auleben / Gestellungsquote 6 Mann

Heinr. Ctian Carl Lauer	71 ¾	Auleben
Joh. Andreas Lauer	70	
Joh. Conrad Andreas Strien	69 ¾	
Ernst Anton Cyriarus Brösch	69 ½	
August Christian Laue	72 ¼	
Johann Gödicke	71	

Hayn / Gestellungsquote 1 Mann

Georg Christoph Reiter	74	Hayn	(97)

Uthleben / Gestellungsquote 6 Mann

Gottfried Lungershausen	72 ¾	Uthleben
Heinrich Elias Kunze	74 ½	
Wilhelm Lier	70 ¼	
Joh. Andreas Hillenhagen	70 ½	
Ctoph Friedrich Hildebrand	71 ¼	
Ernst Wilh. Lungershausen	74 ½	

Sundhausen / Gestellungsquote 3 Mann

Christian Helbing	75 ½	Sundhausen
Andreas Benkenstein	68 ¾	
Joh. Christian Steinecke	72 ¾	

Hamma / Gestellungsquote 3 Mann

Andreas Ctoph Krause	68 ¾	Hamma
Caspar Eisengarten	69 ½	
Ctoph Melchior Rheimboth	71 ¾	

Bielen / Gestellungquote 6 Mann

Johann Heinrich Liebetraut	73 ¼	Bielen
Georg Heinrich Ernst	70 ¼	
Joh. Christian Freiberg	74	
Georg Andreas Freiberg	72	
Joh. Georg Müller	67 ¾	
Joh. Friedrich Hendrich	71 ¼	(98)

Windhausen / Gestellungsquote 5 Mann

Joh. Christoph Raue	69 ½	Windhausen
Heinr. Christian Karnstedt	69	
Andr. Gottfried Kindervater	68 ¼	
Lorenz Christian Mühlhäuser	69 ¼	
Christoph Ernst	69	

Fürstl. Schwarzburg. Amt Ebeleben

Ebeleben / Gestellungsquote 5 Mann

August Otto	73 ¼	Ebeleben
Abraham Christoph Becker	74	
Joh. Wilhelm Erhardt	73	
Christoph Ludwig	74	
Heinrich Koch	70	

Billeben / Gestellungsquote 2 Mann

Conrad Hesse	72 ½	Billeben
Conrad Albrecht	72 ½	

Botenheiligen / Gestellungsquote 5 Mann

Joh. Christian Zopf	68	Botenheiligen
Joh. Christian Weingarten	69	
Christoph Schirmer	70	
Friedr. Christian Walther	74 ¼	
Carl Staar	73 ½	(99)

Holzsußra / Gestellungsquote 4 Mann

Christoph Geukelmann	72	Holzsußra
Johann Franke	74	
Ludwig Kämmerer	67	
Christoph Schulze	71	

Amt Kelbra

Berga / Gestellungsquote 10 Mann

Heinr. August König	72 ¾	Berga
Georg Wilhelm Müller	71	
Heinrich Martin Reinhardt	68	
Joh. Heinrich Etzdorf	72 ¼	
Georg Wilhelm Bornkessel	70 ¾	
Joh. Christian Bornkessel	67 ¼	
Joh. Heinr. Ctian Bornkessel	69 ¾	
Joh. Christian Rieschel	70	
Joh. Ctoph Cyr. Gottschalk	72 ½	
Joh. Christoph Kühne	73	

Die 7te Compagnie erhielt demnach von

der Grafschaft Rossla	74 Mann
dem Amte Stollberg	53 Mann
dem Amte Heeringen	54 Mann
dem Amte Ebeleben	16 Mann
dem Amte Kelbra	10 Mann
Summa	207 Mann

(100) Einige Belege
zur Nachweisung der Schwierigkeiten, welche mit
diesem Commando verknüpft waren

Wohlgeborener, Hochgehrtester Herr Lieutenant!

Unserem gestrigen Versprechen gemäß übersenden wir Ew: pp. eine meßingne u. eine hölzerne Trommel mit Bandolier u.zubehör so wie die Listen der hiesigen Landwehrmänner mit genauer Angabe der Kranken u. derer, welche für sie aus der immobilen Classe substituirt worden sind, so wie auch der ärztlichen Zeugnisse für Fromm u. Ehrentraut. In Ansehung Anton Mahnert's hoffen wir, daß dessen persönliche Gestellung um deswillen nicht nothwendig seyn werde, weil Johann Heinr. Theodor Gewalt schon am 25^n Decbr: für ihn sistirt wurde. Er ist wegen gänzlicher Unentbehrlichkeit in seinem Hauswesen u. beträchtlichem Gewerbe, welches bei sofortiger Mobilmachung durchaus ruinirt werden würde, unter die immobilen Landwehrmänner gesetzt, solches am 25^n Decbr: a.p. dem Hochlöbl: Unteraus-schuße zu Kelbra berichtet, und, was aus nicht erfolgter nicht fälliger Resolution hervorgeht, auch genehmigt worden.

In Ansehung der 4 verlangten verabschiedeten Soldaten, namentlich Spangenberg, Galander, Müller u. Hegel müßen wir nochmals die Bitte wiederholen, von ihnen incl: Blaßmann womöglich nur Zwei zu behalten u. die andern Beiden von den (101) hiesigen Gräfl: Aemtern, welche durch den Befehl des Hochlöbl: Unterausschußes vom 22^n Decbr: a.p. dazu angewiesen waren, zu requiriren. Nicht allein daß sie fast Alle u. vorzüglich Spangenberg, Hegel u. Galander sehr unentbehrlich sind; so thut es uns auch bei der hiesigen Bürgerschaft welche davon, daß das Gräfl: Amt die Hälfte dieser Leute zu stellen befehliget ist, großen Eintrag, wenn wir nicht alles anwenden, eine Rägravation der Stadt vor den Dorfschaften, wo es so viele taugliche Subjecte giebt, zu vermeiden.

Ew: pp. werden daher durch gütige Gewährung unserer Bitte uns sehr verpflichten, u. uns vor mehren Unannehmlichkeiten, deren es bei diesem Geschäfte so viele giebt, sichern können.

In Ansehung der Gewehre werden wir uns Mühe geben, Ihnen in den ersten Tagen die zu erlangende Anzahl übersenden zu können u. versichern im Uebrigen die vollständigste Hochachtung mit der wir beharren.

Ew.

Stollberg	ganz ergebenster
Am 3. Jan^r	Bürgermeister u. Rath
1814	Christoph Ludwig Wehrhan

Wohlgeborner, Hochzuehrender Herr Lieutnant!

Die Weiber der ausgedienten Soldaten, die gegenwärtig in Heeringen sind u. zum Exerziren der Landwehr gebraucht werden, besonders die Spangenbergin u. Hegelin lamentiren so erbärmlich über die (102) Abwesenheit ihrer Männer u. bitten so dringend, deren baldige Entlaßung bei Ew: pp. zu bewirken, daß ich nicht umhin kann dieselben mit der gehorsamsten Bitte zu belästigen, Spangenbergen u. Hegeln, wo irgend möglich, mit Ende dieser Woche ihres Dienstes zu entlassen.

Ich bescheide mich zwar gern, es Ew: pp. überlassen zu müßen, welche von den 6 Subjecten, für den beabsichtigten Zweck, die Brauchbarsten sind: allein, wenn es irgend thunlich seyn sollte, daß Hegel u. Spangenberg entlassen werden könnten, so würden dieselben sich um jene Familien höchst verdient machen.

Genehmigen Ew: pp. übrigens die Versicherung der vollkommensten Hochachtung mit welcher ich die Ehre habe zu beharren.

Stollberg
d. 5. Jan^r 1814

Ew. pp.
gehorsamter
der Bürgermeister Wehrhan

Wohlgeborner, Hochgeehrter Herr Bürgermeister.

Von dem Herrn Rath Oberländer hierselbst ist mir mitgetheilt worden, daß der, bei meiner unterhabenden Landwehr Compagnie als Instructioner stehende, verabschiedete Soldat Reidmeister bestimmt ist, für den, wegen Invalidität entlassenen Rübesamen einzutreten, da nun dieser Einzustellende verheirathet ist u. 3 unerzogene Kinder haben soll, so erlaube ich mir dieselben zu befragen: ob Reidmeister, der mir versichert, daß jetzt schon durch dessen Abwesenheit seine Frau (103) u. Kinder Noth leiden müßten, desungeachtet einzurangiren ist?

Hinsichtlich der Auszahlung der Gratificationen für die vom Amte Stollberg anher kommandirten verabschiedeten – welche Erstere mit 3 Gr. täglich p. Kopf von den übrigen usp. Aemtern vergütet wird – habe ich es denenselben zu überlaßen, ob diese Auszahlung an mich zur Aushändigung an diese Instructioner, oder ob dieselben diese Gratificationen – welche übrigens schon vom 25^n Decbr: a.p. anhebt – den Weibern dieser Commandirten behändigen lassen wollen.

	Ew. Wohlgeboren
Cant: Quart: Heeringen	ganz ergebenster
Am 15^n Jan^r 1814	Friedrich Vollborn
	S.Lieut:

Wohlgeborner, Hochzuehrender Herr Lieutnant!

So wahr es ist, daß Reidemeister eine Frau u. Drei mit derselben erzeugte Kinder hat, so unwahr ist es jedoch, wenn er behaupten will, daß er diese ernähre; denn schon seit einigen Jahren hat er mit seiner Familie theils im Arbeitshause, theils im Hospital gewohnt u. sich u. die Kinder größtentheils durch Arbeit seiner Geschwister u. Arbeit u. Betteln seiner Frau ernähren lassen. Alle übrige, hier wohnende u. ausgediente Soldaten sind bei weitem unentbehrlicher u. ich würde (104) in große Verlegenheit gesetzt seyn, wenn für Reidemeister ein Anderer ausgemittelt werden sollte. Für Reidemeisters Entbehrlichkeit gibt es nur Eine Stimme, u. ich bin über- zeugt, daß auch seine Frau sich bald, u. um so mehr beruhigen werde, da sie hierdurch der Last überhoben wird, den Mann, der sie ernähren sollte, ernähren zu müßen, u. wäre dieser Mann nicht unbillig, so müßte er froh seyn, durch seine Einstellung zur Landwehr, einer

Lebensweise zu entgehen, die ihm nicht weniger als zur Ehre u. dem Publico zu Nutz u. Frommen gereicht.

Ew: pp. ersuche ich daher gehorsamst, Reidemeister ohne Rücksicht auf seine ungegründeten Beschwerden bei der Landwehr zu lassen.

Den Instructionären Müller u. Galander sind sofort auf Ew: pp. Anrathen die bis jetzt verdienten Entschädigungen ausgezahlt u. es sollen solche pro futuro der Anweisung dieser Instructionäre gemäß, an deren Weiber bezahlt werden.

Genehmigen Ew: pp. übrigens die Versicherung der vollkommensten Hochachtung mit welcher ich die Ehre habe mich zu nennen.

Ew. Wohlgeboren

Stollberg   gehorsamster
den 16^n Jan^r 1814   Wehrhan

(105) Wohlgeborner, Hochgeehrtester Herr Amtmann!

Der Landwehrmann Friedrich Herrmann, welcher für den Invaliden Geist aus Roßla von denenselben gestellt wurde, ist desertirt u. wird, insofern er aufgegriffen werden sollte, ins Depot zu verweisen seyn, wohin auch die übrigen Landwehrmänner aus der Grafschaft Rossla;

> Friedrich Christian Siebold aus Uftrungen, der an Blutspucken im Hospitale liegt und

> Gottfried Westphal aus Breitenstein, der an demselben Übel erkrankt ist u. endlich

> Christian Haase, eben daher, welcher gestern 2 Mal u. Heute wiederholt epileptische Anfälle gehabt hat,

abgegeben werden.

Der, an die Stelle des kranken Leidenfrost anher beordnete August John ist, wie die beiden Kranken, Liebau u. Striegnitz, noch nicht hier eingetroffen u. bitte ich nun um so mehr um Gestellung des Liebau u. Striegnitz, indem ich Einen von Beiden mit nach Naumburg nehmen muß u. für den, welcher als Invalid erkannt werden sollte, den bereits von mir verpflichteten Martin Böttcher behalten werde.

Ew: pp. habe ich es bereits wissend gemacht, daß ich den für tüchtig befundenen August Walther von Wickerode bis zum Eintreffen des obgedachten August John hier behalten werde, damit ich, wenn John (106) für tüchtig befunden wird, beyde dem Schicksale des Looses überlassen kann.

	Ew. Wohlgeboren
Cant: Quart: Heeringen	ganz ergebenster
Am 17^n Jan^r 1814	Friedrich Vollborn
	S.Lieut:

Wohlgeborner, Hochgeehrtester Herr Lieutenant!

Auf Ew: pp. geehrten Erlaß vom gestrigen Dato habe ich die Ehre zu erwiedern, daß, eingezogener augenblicklicher Erkundigung nach, dermalen taugliche u. einheimische verabschiedete Soldaten in den Dörfern der Gräfl: Aemter Hayn u. Rottleberode nicht vorhanden sind, welche für die an 15^n d.M. übersendeten 5 Mann eingestellt werden könnten.

Der ich die Ehre habe, mich mit der vollkommensten Hochachtung zu unterzeichnen

Ew: pp.

Amt	ergebenster
Hayn u. Rottleberode	Aug. Gottlob Friedr. Kolbenach
den 17. Jan: 1814	Rath u. Amtmann

(107) Am 20^n Jan^r 1814 erfolgte – wie mir vom Central-Ausschusse zu Naumburg befohlen wurde – der Abmarsch über Artern, Rossleben, Wendelstein, Bibra, Kösen nach Naumburg a.d. Saale, woselbst die thüringische Landwehr in Bataillone formirt wurde u. ihre äußere Vollständigkeit erhielt. –

Belastet mit Quersäcken, Jacken u. Paqueten rückte die Compagnie mit einem Tambour – Namens Zopf aus Botenheiligen – an der Spitze, übrigens aber in militärischer Ordnung am 22^n Jan^r Abends 6 Uhr, begünstigt durch die Dunkelheit der Nacht, in Naumburg ein, woselbst auch die Compagnie bis zu der, von mir erfolgten Uebergabe verblieb. Hier wurde nun, trotz Kälte u. Witterung täglich exerzirt. – Gewehre, aufgerafft von den Schlachtfeldern Sachsens, die zum Theil noch geladen, u. mit dem Schusse eingerostet waren, wurden in dem Gasthause „zum grünen Schilde" von einem Juden abgeliefert; das Lederwerk – Patronentaschen u. Tornister – war in Naumburg angefertiget worden, eben so die auf der linken Seite aufgekrempten, mit einer messingblechenen Agraffe, Knopf, u. schwarz, grün u.

gelber – der neuen sächsischen, jedoch provisorischen – Cocarde versehenen runden Hüte, blauen Monturen mit karmoisinfarbenen Kragen u. Aermelaufschlägen, grauen Tuchpantalons, Capots, Schuh u. Kamaschen.

Obschon die Uniformirung bequem eingerichtet war, so mußte sich dennoch der Mann erst daran gewöhnen; das Lederwerk machte jedoch am Meisten zu schaffen.

(108) Es wurde jedoch Alles militärischer; die hölzernen Patronen wurden bei der Ladung nun nicht mehr aus der Hosen- oder Westentasche sondern aus der Patronen- tasche geholt u. alle Manipulationen wurden soldatisch, auch wurde nicht mehr in Abtheilungen, sondern in ganzen Compagnien exerzirt u. so ging es ohne Unterlaß bis mit 31^n Jan^r fort, an welchem Tage die Compagnien an ihre bestellten Hauptleute übergeben wurden. Meine Compagnie übergab ich an einen, schon längst verabschiedeten alten Herrn, dem Hauptmann v.Gersdorf, u. meldete desselben Tages bei dem, in Naumburg eingetroffenen Oberstleutnant von Brause, der zum Theil den rohen Haufen der Landwehr, theils aber auch ein Marsch Bataillon der inzwischen nach Frankreich abmarschirten Linientruppen nachzuführen befehliget war.

Von diesem Oberstleutnant erhielt ich einen nachge- suchten Urlaub vom 1ten bis mit 6^n Februar nach Heeringen, um den 7^n Februar in Mühlhausen bei der Marschkolonne wieder einzutreffen.

(109)=========================

Zeitabschnitt
vom 7^n Febr. bis zum 16^n März 1814
oder, der Marsch von Heeringen bis Mons u. bis zum Eintreffen bei dem zugehörenden 3^n Grenadier-Bataillon

=========================

(110) Marschroute von Heeringen bis Mons

Montag, 7^n Febr.

Über Städte	Sondershausen, Ebeleben, Schlotheim
Über Fluss	
Nachtquartier	Mühlhausen
Wirth	im Schwan
Bemerkung	auf eigene Kosten

Dienstag, 8^n Febr.

Über Städte	Wannfried
Über Fluss	
Nachtquartier	Gräbendorf
Wirth	ein reicher Bauer
Bemerkung	

Mittwoch, 9^n Febr.

Rasttag

Donnerstag, 10^n Febr.

Über Städte	Eschwege, Waldkappel
Über Fluss	Werra
Nachtquartier	Waldburg
Wirth	Ritterguth Amberg ½ St. über Waldburg
Bemerkung	Eine ½ St. von diesem Nachtq. war die alte Burg Reichenbach

Freitag, 11^n Febr.

Über Städte	
Über Fluss	Fulda
Nachtquartier	Cassel
Wirth	ein Jude
Bemerkung	Wir defilirten vor dem Churfürsten

Sonnabend, 12^n Febr.
Rasttag

Sonntag, 13^n Febr.

Über Städte	
Über Fluss	
Nachtquartier	Wurmeln
Wirth	in dem dasigen Nonnenkloster
Bemerkung	

Montag, 14^n Febr.
Rasttag

Dienstag, 15^n Febr.

Über Städte	Warburg, Lichtenau
Über Fluss	
Nachtquartier	Eppingshausen
Wirth	ein armer Bauer
Bemerkung	

Mittwoch, 16^n Febr.

Über Städte	Paderborn
Über Fluss	Pader
Nachtquartier	Neuhauss
Wirth	ein Kammerdirector
Bemerkung	ein sehr schönes Städtchen, der Stolz des früheren Bischoffs

Donnerstag, 17^n Febr.

Rasttag

Freitag, 18^n Febr.

Über Städte	
Über Fluss	Pader
Nachtquartier	Paderborn
Wirth	ein Kammer-Präsident
Bemerkung	Rückmarsch nach Paderborn, um den Schweden Platz zu machen

Sonnabend, 19^n Febr.

Über Städte	Neuhauss
Über Fluss	Pader, Lippe
Nachtquartier	Lippstadt
Wirth	ein Kaufmann
Bemerkung	

Sonntag, 20^n Febr.

Über Städte	
Über Fluss	
Nachtquartier	Soest
Wirth	ein Rechtsgelehrter
Bemerkung	Abends ging ich mit meinem Wirth in die Societät

Montag, 21^n Febr.

Über Städte	Werle
Über Fluss	
Nachtquartier	Unna
Wirth	im Gasthofe zum König von Preußen
Bemerkung	der Wirth war ein entsetzlich aufgeblasener grader Preuße

Dienstag, 22^n Febr.

Über Städte	Swerda
Über Fluss	Ruhr
Nachtquartier	Ergste
Wirth	ein reicher Bauer
Bemerkung	das Dorf ist sehr weitläufig aus kleinen Anwesen gebaut u. ich hatte über 1 Stunde weit bis auf den Sammelplatz

(111) Mittwoch, 23^n Febr.

Über Städte	Haagen
Über Fluss	
Nachtquartier	Schwelm
Wirth	der Bürgermeister
Bemerkung	Sauerbrunnen, Sammetfabriken

Donnerstag, 24^n Febr.

	Rasttag
Bemerkung	Uns zu Ehren ein Ball während des Rasttages. Gute Aufnahme

Freitag, 25^n Febr.

Über Städte	Lennepp
Über Fluss	bei Beyenburg über die Wupper
Nachtquartier	Lützenkirchen
Wirth	in der Schenke
Bemerkung	

Sonnabend, 26^n Febr.

	Rasttag
Bemerkung	weil wir nicht den Rhein wegen dem Uebergange der Schweden paßiren konnten

Sonntag, 27^n Febr.

Über Städte	Mühlheim
Über Fluss	Rhein
Nachtquartier	Cöln
Wirth	bei einem Seifensieder in N$^{\underline{o}}$ 6976
Bemerkung	

Montag, 28^n Febr.

Über Städte	Lechenig
Über Fluss	
Nachtquartier	Merzenig
Wirth	Pastor Schiffer
Bemerkung	in Lechenig ist ein altes Schloß auf dessen einem Thurme ein, in Stein ausgehauener Schildknappe steht

Dienstag, 1^n März

	Rasttag mit Schwedischen Truppen
Bemerkung	im Quart. mit 3 Schwedischen Offizieren

Mittwoch, 2^n März

Über Städte	Düren, Eschweiler
Über Fluss	Roer, Esch
Nachtquartier	Weiden
Wirth	Handelsmann Gesperz
Bemerkung	

Donnerstag, 3^n März

Über Städte	Aachen, Dalm, Limburg
Über Fluss	bei Dalm über die West
Nachtquartier	Vervier
Wirth	Tuchfabrikant Nevil
Bemerkung	viel Tuch Manufact. Wallonische Sprache, Ausgez. Aufnahme

Freitag, 4^n März

Über Städte	Herve
Über Fluss	bei Liege Loirte u. Maas
Nachtquartier	Liege
Wirth	Wittbe Soline
Bemerkung	die Einwohner benahmen sich sehr tumultuarisch

Sonnabend, 5^n März

Über Städte	
Über Fluss	
Nachtquartier	Viller L'Eweque
Wirth	Bauer Wittbe Melon Rodson
Bemerkung	

Sonntag, 6^n März u. Montag, 7^n März
Rasttage

Dienstag, 8^n März

Über Städte	Ste Tron
Über Fluss	in Leau über die Refier
Nachtquartier	Leau
Wirth	bei einem guten Bürger
Bemerkung	

Mittwoch, 9^n März

Über Städte	
Über Fluss	
Nachtquartier	Tirlemont
Wirth	W^{be} Ventaier
Bemerkung	an diesem Tag hatte das Marschbataillon Rast u. ich wurde hierher kommandirt, um 160 Pr. Schuhe zu requiriren.

Donnerstag, 10^n März

Über Städte	
Über Fluss	
Nachtquartier	Louvrain
Wirth	Rechtsgel. Hr. Torstent
Bemerkung	Ich lag am Canal der nach Antwerpen führt. Das Hotel der Invaliden ist sehr schön

(112) Freitag, 11^n März

Rasttag in Louvrain

Sonnabend, 12^n März

Über Städte	
Über Fluss	Maas
Nachtquartier	Brüssel
Wirth	Baron v.Serüss
Bemerkung	ein brilliantes Unterkommen

Sonntag, 13^n März

Über Städte	Halte, Enghien
Über Fluss	
Nachtquartier	Bas Sully
Wirth	Baron Pricouilt
Bemerkung	

Montag, 14^n März

Über Städte	Ath
Über Fluss	
Nachtquartier	Tourpe
Wirth	Pastor Dugnoille
Bemerkung	Hier erhielt ich die dienstliche Nachricht, daß die Grenadiere in Mons stehen.

Dienstag, 15^n März

Über Städte	Leuse, Ath
Über Fluss	
Nachtquartier	Burglette
Wirth	im Nonnenkloster
Bemerkung	

Mittwoch, 16^n März

Über Städte	
Über Fluss	
Nachtquartier	Mons
Wirth	ohne Quartiereinweisung, indem ich beim
Bemerkung	Bataillon eintraf, welches Heute noch marschirte

Kaum hatte ich mich bei dem Bataillons-Commandanten eingetroffen gemeldet, als dasselbe sofort Mons verließ um die Straße von Mons nach Beaumont vom Feinde zu reinigen, welcher einen Ausfall aus der besetzten Festung Maubeuge gemacht u. einen starken Transport französischer Gefangener befreit hatte.

☙ ✳ ❧

Anlage 1

Platzierungsliste der präsenten Offiziere des Regiments v.Steindel vom August 1813

Oberster v.Seidewitz	Kommandant Regiment
Major v.Larisch	Kommandant 1tes Batl.
Major Moritz	Kommandant 2tes Batl.
Pr.-Ltn. v.Goldacker	Adjutant 1tes Batl.
n.n.	Adjutant 2tes Batl.

Kapitän	v.Brunnau
	v.Koppenfels
	v.Stutterheim
	v.Tettau
Pr.-Ltn.	v.Grassenburg
	v.Mandelsloh
	v.Neitschütz
	v.Linsingen
	v.Dreverhoff
S.-Ltn.	v.Niebecker
	v.Koppenfels
	v.Geusau
	v.Kotzsch
	Müller
	v.Wolfersdorff
	v.Sichart
	Vollborn
	Göckel
	Münchgesang (provisorisch)
	Pfaff (provisorisch)

Abb. 02 Gegend zwischen Berlin und Dresden (Paris o.J.)

Anlage 2

Offiziersplatzierungsliste des Regiments v.Steindel vom November 1813

<u>Angestellt</u>

Oberster v.Seidewitz
Oberstleutnant v.Wittern
Adjutant Pr.-Ltn. v.Goldacker
Adjutant Pr.-Ltn. v.Seebach
Adjutant S.-Ltn. v.Hennig

Major	Moritz	
Hauptmann	v.Stutterheim	
	v.Goephardt	
Pr.-Ltn.	v.Wurmb	
	v.Linsingen	
	v.Dreverhoff	
S.-Ltn.	v.Goeckel	
	v.Niebecker	
	v.Koppenfels	
	v.Geusau	
	Müller	
	v.Wolfersdorff	
	Münchgesang	
	Pfaff	alle beim 2ten provi-
	v.Steindel	sorischen Linien-
	v.Kotzsch	Infanterie-Rgt.
Pr.-Ltn.	v.Mandelsloh	beim provisori-
	Kayser	schen Grenadier-
S.-Ltn.	Vollborn	Regiment.

Major	v.Larisch	
aggr. Major	v.Tettau	alle beim 1ten provi-
Hauptmann	v.Dachroeden	sorischen Linien-
Pr.-Ltn.	v.Selmnitz	Infanterie-Rgt.

Nicht angestellt

| Major | v.Sichart | kommandiert in |
| Hauptmann | Pfaff | Leipzig |

| Pr.-Ltn. | v.Heinitz | kommandiert auf |
| S.-Ltn. | v.Polenz | den Königstein |

aggr. Major	v.Zanthier	
Hauptmann	v.Kessinger	
S.-Ltn.	v.Uslar	
	Heering	alle in
	Schubauer	Gefangenschaft

Hauptmann	v.Hopfgarten	
Pr.-Ltn.	Grassenburg	
S.-Ltn.	Reckhausen (verwundet)	
	v.Oelschlaegel (verwundet)	
	v.Sichart	alle krank

S.-Ltn.	August	
	Klette	
	v.Oelschlaegel	beim 1ten proviso-
	Simon	rischen Regiment

Anlage 3

Namentliches Verzeichnis der im Text genannten sächsischen Offiziere

mit folgenden Angaben: Name im Text; vollständiger Name / Dienstgrad / Einheit / Patent vom

Brause	Friedrich August Wilhelm v. / Oberstltn. 1.leichtes Rgt. / 29.10.1812
Brunow	Ferdinand Wilhelm v.Brunnau / Capitän Rgt. v.Steindel / 25.10.1810
Eckhardt	Christian Gottlieb / S.-Ltn. Rgt. Artillerie / 08.06.1810
Flemming	a) Friedrich Wilhelm Heinrich v. / Pr.-Ltn. Rgt. v.Low / 15.04.1813 b) Heino Friedrich v. / S.-Ltn. Rgt. v.Rechten / 20.02.1810
Gersdorf	Carl Friedrich Samuel v. / Capitän Rgt. v.Niesemeuschel / 29.12.1802 (1811 verabschiedet, erhielt Vollborn's Landwehrkompanie)
Goldacker	Adolf Heinrich v. / S.-Ltn. Leib-Grenadier-Garde / 01.09.1813
Hopfgarten	Friedrich Ernst v. Hopffgarten / Capitän Grenadier-Btl. v.Liebenau / 21.08.1809
Koppenfels	Christian Friedrich Constantin v. / Capitän Rgt. v.Steindel / 09.08.1811
Lecoq	Carl Christian Erdmann Edler v. / Generalleutnant / Divisionär / 22.02.1810

Mellentin	Alexander Ferdinand v. / Oberst Rgt. v.Steindel / 20.02.1810
Neitschütz	Friedrich Wilhelm v. /Pr.-Ltn. / Rgt. Rgt. v.Steindel / 15.08.1811
Rabe	Gustav Ludwig Ferdinand Raabe / Oberst- leutnant / Rgt. Artillerie / 27.01.1813
Roos	Friedrich / Capitän Rgt. Prinz Anton / 23.06.1811
Sahr	Carl Ludwig Sahrer v. / Generalmajor Brigadier / 22.02.1810
Selmnitz	Friedrich Eugen Carl Eduard v. / Pr.-Ltn. Rgt. v.Steindel / 08.06.1812
Spiegel	Heinrich Wilhelm v. / Major Grenadier-Btl. v.Siegel / 16.08.1811
Steindel	Friedrich Gottlob v. / Generalmajor Brigadier / 20.06.1809
Sternstein	Hans Carl Jos. Wilh. v. / S.-Ltn. Rgt. Prinz Friedrich / 03.06.1813
Thielmann	Johann Adolph Freiherr v. / General- leutnant / Divisionär / 26.02.1810
Zeschau	Heinrich Wilhelm v. / Generalleutnant Divisionär / 25.02.1810

Quellen

Hauptstaatsarchiv Dresden

11 372 Militärgeschichtliche Sammlung Nr.83
Erlebtes während der Jahre 1808/15 – Vollborn

11343 Kombinierte Formationen Nr.254
Formirung der Infanterie und des mobilen Armee Corps
1813 vom 2 July bis 12 August

Karten

Kgl. Preuß. Provinz Schlesien – Weimar 1856

Carte Generale de la Pologne – Paris o.J.

**Stamm- und Rangliste der Kön: Sächsischen Armee auf
  das Jahr 1811** – Dresden 1811

**Stamm- und Rangliste der Kön: Sächsischen Armee auf
  das Jahr 1812** – Dresden 1812

**Stamm- und Rangliste der Kön: Sächsischen Armee auf
  das Jahr 1813** – Dresden 1813

**Stamm- und Rangliste der Kön: Sächsischen Armee auf
  das Jahr 1815** – Dresden 1815

Titze	1813 – Die Sachsen im eigenen Land – Der Feldzug der sächsischen Truppen im VII.Armee-Korps in den Befehlen und Rapporten des Generalstabes und der Intendanz - Norderstedt 2013
Wächtler	Die Königlich Sächsischen Mittglieder der Ehrenlegion (1807 – 1813) – Chemnitz 2002

In der Reihe:

Beiträge zur sächsischen Militärgeschichte zwischen 1793 und 1813

sind an Augenzeugenberichten und Tagebüchern bisher erschienen:

No. 2 Die Kriegsberichte des Infanterie-Regiments Churfürst 1806

No.21 Das Tagebuch von Ernst Ferdinand Aster aus dem Jahre 1812

No.22 Das Tagebuch von Friedrich Ernst Aster aus dem Jahre 1812

Für weitere Informationen:

www.oberst-lieutenants-compagnie.de